KB205297

급진적 종교 개혁파의 관점에서 본

신학과 과학의 화해

죠이선교회는 예수님을 첫째로(Jesus First)
이웃을 둘째로(Others Second)
나 자신을 마지막으로(You Third) 둘 때
참 기쁨(JOY)이 있다는 죠이 정신(JOY Spirit)을 토대로
하나님 나라의 확장을 위해 지역 교회와 협력, 보완하는 선교 단체로서
지상 명령을 성취한다는 사명으로 일합니다.

죠이선교회 출판부는 그리스도를 대신한 사신으로
문서를 통한 지상 명령 성취와 하나님 나라 확장을 위해 노력합니다.

죠이북스는 죠이선교회의 임프린트입니다.

급진적 종교 개혁파의 관점에서 본

신학과 과학의 화해

낸시 머피 지음
김기현 · 반성수 옮김

죠이북스

차 례

• 저자 서문 · 7
• 머리말 · 10

1장 신학과 과학의 관계

1. 일반적 견해_ 갈등 대 분리 · 19
2. 일반적인 견해에 대한 비평 · 21
   2.1 신학과 화성 생명체 · 23
3. 창조적으로 상호 작용하는 신학과 과학 · 28
   3.1 과학 분과의 계층 모델 · 28
   3.2 과학의 계층 모델 안에 있는 신학 · 36
4. 요약 · 36

2장 과학으로서의 신학

1. 신학이란 무엇인가 · 41
2. 과학의 발달과 병행하는 신학의 발달 · 43
   2.1 연역적 모델 · 43
   2.2 귀납적 모델 · 44
   2.3 가설-연역적 모델 · 46
3. 신학 추론에서의 가설-연역적 설명 · 50
4. 객관 대 주관 · 60
5. 요약 · 62

3장 우주의 미세 조정과 설계

1. 신적 활동_ 중대한 쟁점 · 65
2. 우주론의 미세 조정 · 66
3. 하나의 신학적 설명? · 70
3.1 하나님의 존재에 대한 증거? · 71
3.2 윌리엄 페일리의 설계 논쟁 · 72
3.3 미세 조정과 설계 · 74
3.4 추가적 확증 · 78
4. 우주에서 인간의 위치 · 82
5. 요약 · 83

4장 신경 과학과 영혼

1. 잠재적 갈등? · 87
2. 고대와 중세의 영혼 이해 · 88
3. 신경 과학의 발전 · 93
3.1 피니어스 게이지의 사례 · 93
3.2 뇌 국재화 연구 · 96
4. 성서가 이해하는 인간 · 101
5. 아나뱁티스트들과 '영혼의 수면' · 109
6. 요약 · 111

5장 기독교와 진화론

1. 개관 · 115
2. 진화론을 거부하는 역사적 이유 · 115
3. 진화론에 대한 최근의 반대들 · 119
4. 급진적 종교 개혁파 신자의 현안 · 123
4.1 성경을 읽는 법 · 123
4.2 진화 윤리학 · 125
4.3 일관된 세계관 · 130
5. 요약 · 135

6장 급진적 종교 개혁파 신학과 사회 과학

1. 급진적 기독교 · 139
2. 신학과 과학의 갈등과 조화 · 142
3. 과학의 계층 모델에서의 윤리학 · 143
4. 학계의 하나님 배제 · 145
5. 사회 과학, 윤리학, 그리고 신학 · 147
5.1 폭력의 필요에 대한 가설 · 147
5.2 사회적 실험으로서의 교회 · 151
5.3 사회 과학을 위한 새로운 비전 · 153
6. 요약 · 157

• 역자 후기 · 160
• 주 · 168
• 찾아보기 · 177

저자 서문

나는 저마다 배경과 환경이 다양하고 서로 다른 사람들에게 신학과 과학의 관계를 강의하며 가르쳐 왔다. 이미 과학 철학으로 박사 학위(머피의 지도 교수는 「방법에 반대한다」[*Against Method*, 그린비 역간]의 저자로 유명한 파울 파이어아벤트[Paul Feyerabend]다_ 옮긴이)를 받았는데도 내가 캘리포니아에 있는 버클리 연합 신학대학원(Graduate Theological Union, GTU)에서 신학 훈련을 받은 것은 기독교 신앙의 합리성에 관한 문제가 과학의 합리성보다 긴박하고 더 흥미로울 것이라고 판단해서다. GTU에서 신학 연구를 시작한 직후, 로버트 러셀(Robert J. Russell)이 그곳에 신학과 자연 과학 연구 중심 부서를 설립하였고, 나는 그 연구에 뛰어들었다.

학위를 마치고 풀러 신학교(Fuller Theological Seminary)에서 가르치면서, 나는 과학과 신학의 관계를 한층 깊이 탐색하게 되었다. 그러나 풀러 신학교에서 적응하며 가르치기 위해서는 GTU에서 연구한 신학적 견해에서 큰 방향 전환이 필요했다. GTU의 신학 원천은 가톨릭과 개신교 세계 안에서도 좀 더 자유주의적인 주류 개신교다. 반면에 풀러 신학교는 개신교 안에서 복음주의에 위치한다. GTU에서는 과학과 신학의 밀접한 관련성을 학생들에게 확신시키는 것이 단순한 하나의 과제에 지나지 않았다. 그러나 풀러 신학교에서는 신학과 과학이 서로 평화롭게 공존할 수 있다는 점을 설득하는 것이 크나큰 도전이었다.

그러다가 나는 급진적 종교 개혁(Radical Reformation) 전통 또는 아나뱁티스트(Anabaptist) 전통으로 전향하였다. 이 책 6장에 그 과정을 소개해 놓았다. 자유주의든 보수주의든 간에 신학과 과학의 주제와 관계가 메노나이트(Mennonites)와 형제단(Brethren) 등과 같은 급진적 종교 개혁 전통에서는 중요한 쟁점이 아님을 점차 깨달았다. 이 깨달음은 남아프리카의 우주론자(cosmologist)이며 그곳에서 평화와 정의에 대해 심도 있게 논의하는 퀘이커교도 조지 엘리스(George F. R. Ellis)와 긴밀한 공동 연구를 하도록 이끌었다. 우리는 그 문제를 우리 자신에게 질문해 보았다. "신학과 과학의 관계를 급진적 종교 개혁파의 관점에 비추어 보면 어떨까?" 그 대답에 대한 우리의 첫 번째 시도가 바로「우주의 도덕적 본성에 관하여: 신학, 우주론, 윤리학」(*On the Moral Nature of the Universe: Theology, Cosmology, and Ethics*, Fortress Press, 1996)이라는 책이다.

그 책이 완성될 즈음, 캐나다 위니펙에 있는 캐나다 메노나이트 성경 대학교(Canadian Mennonite Bible College, CMBC)의 해리 휴브너(Harry Huebner)에게 J. J. 티센 강좌(J. J Thiessen Lectures)를 부탁받고 무척 기뻤다. 나는 신학과 과학에 관한 강연 요청을 흔쾌히 받아들였다. 급진적 종교 개혁 공동체라는 공적 광장에서 신학과 과학에 관한 새로운 아이디어를 시험해 볼 기회를 얻은 것이다. 이 책은 그 결과물로, 1996년 10월에 당시 CMBC에서 행한 4개의 강연에 기초하였다. 그들과의 만남은 무척 즐거웠다. 그때의 강연을 이 책 1장, 2장, 3장, 6장에 싣도록 허락해 준 CMBC 출판 위원회에 감사한다.

판도라 출판사(Pandora Press)의 C. 아놀드 스나이더와 마이클 킹과 함께 작업한 경험은 큰 기쁨이었다. 그들의 정중함과 능력에 경의를 표한다.

프란시스코 아얄라(Francisco J. Ayala)는 이 책이 한결 좋아지도록 가치 있는 제안을 하였으나, 모두 반영하지 못한 것이 유감스럽다.

나의 남편 제임스 맥클랜던(James Wm. McClendon, Jr.)에게도 감사하고 싶다. 급진적 종교 개혁 전통에 관한 남편의 박사 학위 세미나에서 나는 이 전통을 지지하게 되었다. 나는 지금도 계속 그에게 배운다(맥클랜던은 2000년에 작고하였고, 이 책은 1997년에 발간되었다_ 옮긴이). 또한 존 요더(John Howard Yoder)에게 감사한다. 신약 성경을 어떻게 읽어야 하는지에 대해 그에게 매우 많은 것을 배웠다. 요더에게 이 책을 헌정한다.

낸시 머피
캘리포니아주 패서디나

머리말

나는 신학과 과학의 관계를 급진적 종교 개혁파의 관점에서 기술하고자 한다. 급진적 종교 개혁 전통은 몇몇 다른 기독교 전통보다 외부인에게 더 많은 오해를 받는 것 같다. 따라서 내가 이런 유형의 교회 생활을 어떻게 이해하는지를 먼저 제시하는 것이 중요할 것 같다.

슐라이트하임 신앙 고백(The Schleitheim Confession, 1527)에서 시작하는 것이 유용할 것이다(6장을 보라). 이 신앙 고백은 급진적 종교 개혁자들이 다른 개신교인들과 어떤 점에서 구별되는지를 보여 주는 첫 번째 시도였다. 신자의 세례, 세상으로부터의 분리, 회중에 속한 이들 가운데 목자(목사)를 선택하는 것, 맹세의 거부 등은 콘스탄티누스주의의 속박에서 벗어나기 위한 것들이다. 콘스탄티누스주의란 처음에는 교회와 제국을 동일시한 것을 일컬었고, 그 후에는 교회와 국가를 동일시한 것을, 지금은 교회와 시민 사회를 동일시하는 것을 말한다.

칼의 사용 거부와 출교(ban)의 수용은 가장 혹독한 처벌 형태로 보인다. 그러나 이는 하나님이 원수를 강압적으로 대하지 않으시듯, 우리도 그러해야 한다는 자각에서 비롯된다. 주의 만찬에 참여하려면 먼저 세례를 받은 신자여야 한다는 것과, 서로 화목하여야 한다는 규칙은 세상 한가운데서 (적어도 지금보다는 나은) 예수의 교회가 되도록 철저한 헌신과 유대를 통해 공동체를 이루게 하기 위함이다.

내가 생각하는 급진적 종교 개혁파의 독특성은 이런 것이다. 기독교란 일차적으로 '지금 그리고 여기'라는 실제적 삶과 관계된다. 사후 세계에 관한 것은 둘째 문제다. 기독교는 세상의 '의미'를 해석하기보다 세상을 변화시키고자 한다. 기독교 교리는 우리가 살아가는 방식의 전제를 구성한다는 점에서 중요하다.

기독교에 대한 현실적이면서 실용적인 태도는 교리와 성서적 해석의 미세한 관점 차이에서 벌어지는 수많은 논쟁에서 우리를 벗어나게 해준다. 산상수훈으로 시작해서, 그 본문을 바르게 이해한 바탕 위에 다른 성경 구절도 해석하려는 나로서는 성경을 문자적으로 읽기를 **선호하는** 일부 그리스도인을 보면 놀라운 마음이 든다.

여기서는 복음의 진리성에 관해 그다지 많은 의문이 생기지 않는다. 예수의 가르침을 제대로 따른다면 인류가 (그 자체로!) 구원받는다는 사실이 내게는 매우 명백하다. 그밖에 나머지 부분은 별로 의심할 게 없어 보인다.

기독교에 관한 이 견해를 각 장(章)에서 어떻게 보여 줄지 간단히 설명하고자 한다.

1장은 신학과 과학의 관련성을 묘사하기 위해 도식적으로 표현한 계층 모델(hierarchical model)을 제시한다. 실재를 이루는 가장 단순한 구성단위를 연구하는 물리학은 이 계층에서 맨 아래에 위치한다. 그리고 기초 과학의 나머지 분야(화학, 다양한 수준의 생물학)가 그 위에 차례로 위치한다. 이는 그 기초 과학이 물리학보다 복잡하고 포괄적인 구조임을 나타낸다.

계층 모델의 가지들 가운데 생물학의 위로 갈수록 점점 더 포괄적인 시스템(comprehensive systems)을 연구하는 물리 과학이 자리를 잡는다. 우주론은 이 가지의 최정상에 위치한다. 자연 세계 전체를 아우르는 전 우주를 연구하기 때문이다. 생물학에서 나온 또 다른 가지는 심리학과 사회 과학을 포함한다. 나는 신학을 이 다이어그램 최정상에 있는 유용한 과학으로 봐야 한다고 주장한다. 신학은 가장 포괄적이고 복합적인 모든 시스템, 즉 자연 세계와 인간 사회 모두와 관계된 하나님을 연구하기 때문이다.

신학과 과학의 관계는 하나의 과학과 또 다른 과학의 관계와 매우 흡사하다. 각각의 과학은 자신만의 고유한 언어와 개념으로 실재를 독자적으로 서술한다. 각 과학은 이웃 과학에서 배울 수 있다. 신학도 비교적 독자적으로 실재를 서술하며, 과학에서 배우거나 과학에 영향을 끼치기도 한다.

하지만 어떤 이들은 신학을 과학 안에 위치시키는 것은 옳지 않다고 반박할지도 모르겠다. 이와 관련하여 나는 2장에서 신학 자체가 실제로 과학과 무척 흡사하다는 주장을 펼칠 것이다. 신학은 역사와 계시, 교회에 누적된 경험에서 나온 자신만의 고유한 데이터를 가지고 있다. 교리는 과학에서 이론에 상응한다. 이는 마치 과학 이론이 데이터를 지속해서 설명하는 능력에 따라 합리적이고 정당한 이론이 되는 것과 같다.

3-5장은 과학에서 제기하는 신학적 쟁점들을 살펴본다. 3장에서는 자연 과학, 특히 과학적 우주론에서 발생하는 '경계성 질문들'(boundary questions)을 고찰한다. '경계성 질문'이란 계층 모델의 한 층위(level)에서 비롯되었으나 그보다 상위 층위로 전환해야만 대답할 수 있는 질문을 뜻한다. 따라서 과학 내부에서 비롯되지만, 그 과학적 층위에서는 해결할 수 없는 질문에 대해 신학이 대답하는 방식을 살펴볼 것이다.

예를 들면, 많은 과학자가 우주, 나아가 시간 자체는 빅뱅(Big Bang)과 함께 시작되었다고 말한다. 그렇다면 빅뱅 전에는 무슨 일이 일어났는가? 과학이 과연 이런 문제에 대답할 수 있을지는 분명하지 않다. 우주론자들이 빅뱅의 원인을 과학적으로 어떻게든 설명한다 해도 그 경계성 질문은 또 다른 질문을 남기며 유보된 채 단지 한 단계 뒤로 밀려날 뿐이다.

또 다른 예를 들어 보자. 3장에서 중요하게 다룰 주제다. 어째서 우주 상수(cosmological constants)는 생명이 존재하도록 '미세 조정'(fine-tuned)되는 것처럼 보이는가? 즉, 우주에서 작동하고 있는 특정 자연 법칙들이 무수히 많은 다른 가능성 중에서도 유독 생명을 지탱하는 우주로 귀결되는 매우 협소한 범위(narrow range)에서 발견되는 이유는 무엇인가?

이것은 확실히 최근 우주론에서 제기한 질문 가운데 가장 큰 관심을 불러일으킨다. 물리학 법칙 안에 포함된 아주 기본적인 수치들(중력 상수의 강도, 원자보다 작은 입자들 간의 비율, 그리고 그밖에 무수한 것들)이 지극히 사소한 정도만 달라져도 빅뱅에서 시작된 우주의 진화는 전혀 다른 방향으로 나아갔을 것이다. 물리학 법칙이 조금만 달랐어도 그 결과로 생긴 우주는 거의 모든 경우에 생명체가 생기기에 적합하지 않았을 것이다. 즉 지금의 우주보다 생존 기간이 더 짧거나, 지나치게 차거나, 수소와 헬륨보다 무거운 원소들이 상당수 결여되었을 것이다. 생명이 존재하는 데 필요한 조건이라는 관점에서 볼 때, 우주의 상태는 무수히 많은 부적합한 방향으로 진행되었을 수도 있었다. 그러나 그렇게 되지 않았다. 왜일까?

대체 자연 법칙은 왜 존재하는가? 자연 법칙은 어디에 존재하며, 그것의 존재론적 지위는 무엇인가? 그 법칙들은 무엇에서 작용하는 힘을 얻는가?

이 질문들 가운데 어느 것도 신학적인 답변을 강력하게 요구하지는 않는다. 그러나 하나님과 그분의 목적에 관해 전통적인 개념을 지닌 성경의 사람들은 매우 분명하게 그런 질문들에 더 쉽게 답할 수 있다. 빅뱅보다 앞선 첫 사건이 무엇이든 간에 하나님은 우주의 궁극적 원인이시다. 하나님은 우주를 설계하셨을 때 우리와 같은 피조물을 염두에 두셨고, 자연 법칙은 우주의 질서에 대한 하나님의 뜻을 반영한다.

4장에서는 인간 본성을 고찰할 것이다. 서구 문화는 이원론을 둘러싸고 깊이 분열되어 있다. 특히 그리스도인을 포함한 많은 사람이 인간은 물질적 육체와 비물질적 정신 혹은 영혼, 두 부분으로 이루어졌다고 생각한다. 그러나 점점 많은 과학자와 철학자, 그리고 성경 신학자조차도 그러한 생각에 의문을 제기한다.

나는 비이원론적(non-dualistic) 인간론을 주장한다. 이 관점이 이원론보다 현대 과학에 더 부합할 뿐 아니라 성경적 사고와도 조화를 이룬다. 내가 발전시킨 '비환원적 물리주의'(nonreductive physicalist)는 1장에서 설명하는 계층 모델과도 훌륭하게 들어맞는다. 물리학과 화학에서 생물학에 이르는(즉, 무생물에서 생물에 이르는) 계층을 따라 올라가면서, 우리는 생명력(vital force)과 같은 새로운 실체(substance)를 보태지 않아도 된다. 생명은 생명이 없는 물질들이 특별하게 **조직화한**(organization) 결과이기 때문이다. 마찬가지로 비인간 유기체에서 인간적 수준으로 상승하는 데에도 영혼이나 정신과 같은 새로운 실재(entity)를 추가할 필요가 없다.

5장에서는 진화를 다룬다. 여기서는 일부 그리스도인들이 왜 진화론에 반대하는지를 살펴보고자 한다. 그런 다음 급진적 종교 개혁 전통에 속한 그리스도인들에게 특히 중요한 쟁점으로 전환할 것이다. 비폭력을 주장하는 그들에게 아마도 가장 중요한 도전은 진화 생물학이 경쟁과 폭력을 지지하는 윤리를 옹호한다는 점이다.

6장에서는 신학과 사회 과학의 관계를 다룬다. 1-5장은 신학과 **자연** 과학 사이의 일관성과 정합성을 강조한다. 그러나 사회 과학이 추정하는 인간의 본성과 그들의 사회 정치적 관계는 메노나이트와 형제단, 그리고 급진적 종교 개혁 전통에 뿌리를 둔 여타 공동체의 가르침과 상당한 충돌을 일으킨다.

나는 여기서 기독교 신학과 현대 과학이 조화를 이루는 몇 가지 방식을 개략적으로 소개할 것이다. 신학과 과학 사이의 흐름은 양방향이다. 과학이 진보함에 따라 우리는 때때로 신학을 수정해야 한다. 예를 들어, 현대 신경 과학은 교회 역사를 통틀어 만연하던 인간에 관한 전통적 가르침과는 다른 견해를 제시한다.

과학이 신학을 수정하듯, 때때로 신학도 과학의 결점을 보완해야 한다. 우리 시대의 '복음 전도적 무신론자들'(evangelistic atheists. 자신이 생각하기에 무신론을 복음이라고 생각하여 이를 호전적으로 전도하려는 무신론자들을 지칭함_ 옮긴이)이 과학을 순수 자연주의적 세계관과 통합하는 효과적인 작업을 수행하는 이때에, 과학과 신학의 이러한 화해는 매우 중요하다. 나는 신학과 과학을 아우르는 세계관이 무신론의 세계관보다 일관성 있으며 더 많은 것을 설명할 수 있다고 주장한다.

그러한 목적에서 볼 때, 급진적 종교 개혁 전통의 유산은 주류 신학에 비해 많은 이점을 제공한다. 모든 신학이 동일하게 현대 과학과 조화를 이루는 것은 아니다. 예를 들어 3장에서 다룰 내용이 그러하다. '하나님은 이 세상에서 **어떻게** 활동하시는가?'라는 질문은 많은 신학적 논쟁에서 중심 주제다. 세상의 자연적 과정에 자신의 뜻을 관철하기 위해 하나님이 강압적으로 개입하신다는 견해를 많은 그리스도인이 거부하였다. 급진적 종교 개혁 전통은 인간 영역에 하나님이 강제적으로 직접 개입하시기보다는 비강제적으로 활동하신다고 확언하는데, 이와 동일하게 자연계에도 비강제적으로 개입하신다는 주장을 편다.

인간 본성에 관한 논의에서 발생하는 신학적 문제 가운데 여전히 의문인 것이 하나 있다. 바로 '죽음과 부활 사이에 우리에게 무슨 일이 생기는가' 하는 문제다. 어떤 기독교인 그룹은 '중간 상태'(intermediate state), 즉 부활 때까지 그리스도인들이 의식을 지닌 채 기다린다는 교리를 신봉한다. 그러나 이 교리가 성립하려면 육체는 부패하나 영혼은 하나님과 함께 있을 것이라는 영육 이원론이 필요하다. 급진적 종교개혁 전통의 그리스도인들은 대체로 이 쟁점에 대한 견해를 밝히기를 자제해 왔다. 따라서 인간 본성에 관해서는 현 과학을 수용하는 물리주의자의 설명이 이러한 급진적 전통의 신학과 조화를 이루기에 용이해 보인다.

급진적 종교 개혁 전통에 기반한 기독교에 대한 실용적 접근이 성경 읽기에 대한 실용적 접근으로 이끈다는 것을 5장에서 주장할 것이다. 이것이 진화론을 받아들이기 어려워하는 일부 그리스도인들을 성서 문자주의에서 자유롭게 해준다.

이미 언급했듯이, 현재의 사회 과학은 급진적 종교 개혁 신학과 실제로 상충한다고 믿는다. 인간 본성을 설명하는 사회 과학의 어떤 이론들은 사회적 삶에서 폭력을 피할 수 없다고 본다. 따라서 신학과 과학의 화해에는 대화가 필요하다. 신학은 과학에서 배울 뿐 아니라 과학에 조언해 주어야 한다. 특히 급진적 종교 개혁파 관점은 폭력에 경도된 우리 사회에 필요한 아주 중대한 언어를 소유하고 있다.

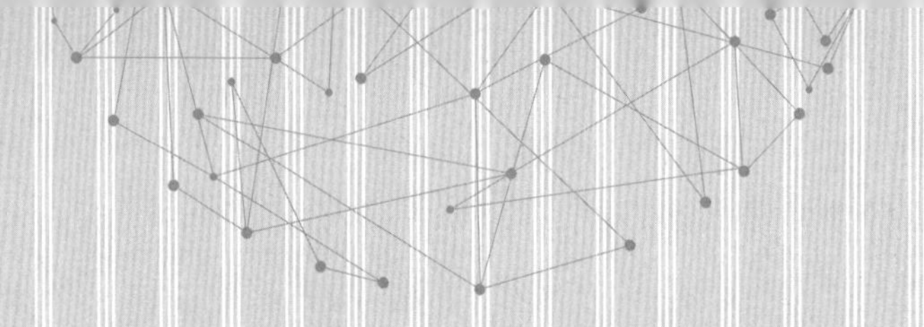

1장

신학과 과학의 관계

∞

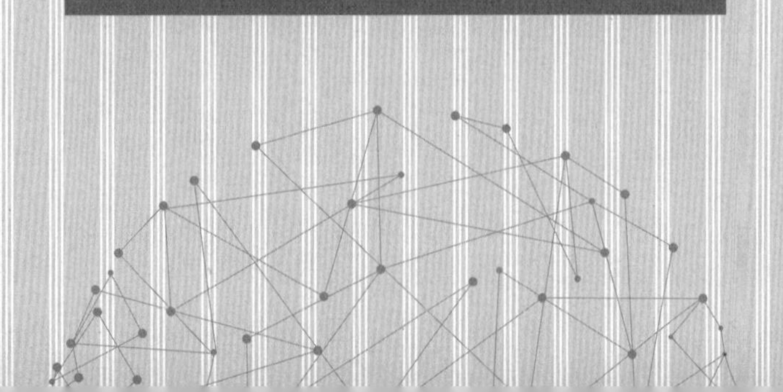

1. 일반적 견해_ 갈등 대 분리

1996년 8월 7일, 과학자들은 화성에서 온 운석에서 원시 생명체를 발견했다고 발표했다. 간단히 말하면 그 뉴스는 다음과 같다. 남극 지역에서 발견된 바위를 성분 분석한 결과, 화성에서 온 것으로 보였는데, 그 바위 속에서 박테리아와 매우 흡사한 미세한 단세포 유기체 화석이 발견되었다. 이 기사를 읽고 많은 사람이 오래전 화성에 원시 생명체가 있었다는 결론을 내렸다.

이 소식이 전해지자 보도 관계자들은 신학자와 종교 지도자에게 이것이 신학적으로 어떤 의미를 지니는지에 관한 논평을 요청하였다. 다양한 기자들이 내게도 질문했지만, 아마도 내 답변에 그들은 실망했을 것 같다. 그들은 종교와 과학 사이의 갈등에 관한 오래되고 빛바랜 뉴스거리 한 토막을 기대했기 때문에 풀러 신학교와 같은 보수 신학교에 속한 누군가를 취재하고자 했을 것이다.

이 일화는 종교와 과학의 관계와 관련하여 우리 문화에 퍼진 두 가지 일반적인 견해를 반영한다. 한편에서는 과학이 급속도로 발전하면서 기독교인들이 논박되고, 부정당하고, 거부되며, 종국에는 사라질 것으로 생각한다. 이른바 종교와 과학의 '갈등'이다. 뉴스 관계자들은 이러한 갈등 관계를 선호하기 때문에 둘 사이의 적대감을 이야기의 전부로 쉽게 생각한다.

그러나 그 뉴스에 대한 내 반응이 적어도 많은 그리스도인이 보이는 전형이다. 내게는 그러한 과학 이야기가 신학적으로 흥미롭다는 생각조차 들지 않을 정도다. 당시 내 반응은 이안 바버(Ian Barbour)가 과학과 종교에 대해 '두 세계'(two worlds) 관점이라고 부른 것과 일치했다.[1] 이 관점에 따르면, 과학과 종교는 매우 달라서 갈등을 일으킬 가능성조차 없다. 그 둘은 기술되는 방식 또한 다른데, 갈릴레오의 명언이 이 사실을 시사한다. "성경은 천체(heavens)가 어떻게 운행되는지를 기술하는 것이 아니라, 천국(Heaven)에 어떻게 들어가는지를 말한다."

근대 자유주의 신학은 과학이 제기한 격렬한 충격으로부터 자신을 보호하기 위한 차원에서 종교를 재정의하려는 노력에 상당한 공을 들였다. 그 노력은 철학자 이마누엘 칸트(Immanuel Kant)에게서 시작되었다. 그는 과학과 윤리학 사이에 경계선(순수 이성 대 실천 이성)을 긋고, 종교는 순수 이성이나 과학보다는 실천 이성과 윤리학의 영역에 속한다고 결론 내렸다. 서로 다른 두 가지 구별된 사유 형식이 있는 것이다. 하나는 과학이고, 다른 하나는 종교와 윤리학이다. 과학적 사고의 관점에서 종교와 윤리를 논하는 것은 부당하다.[2]

칸트와 동시대를 살았던 자유주의 신학의 창시자 프리드리히 슐라이어마허(Friedrich Schleiermacher)는 종교는 과학뿐만 아니라 윤리학과도 관계가 없다고 주장하였다. 그에게 종교는 단지 감정(feeling)이다. 그에 따르면, 예컨대 창조 교리는 언제 어떻게 우주가 시작되었는지에 관한 것이 아니라, 지금 이곳에 존재하는 모든 사물은 전적으로 하나님께 의존한다는 자각에 관한 것이다.[3] 종교는 가치와 의미, 존재의 방향성을 추구한다는 면에서 사실을 추구하는 과학과 구분된다.

내가 두 세계론(two-worlds view)을 기술한 까닭은 사람들에게는 이것이 갈등론(conflict view)만큼 친숙하지 않아서다. 앞서 암시한 바와 같이 두 세계론은 좋은 뉴스거리를 제공하지 않는다. 그러나 서둘러 덧붙이자면, 두 세계론은 현재 내가 지지하는 견해가 아니다(그해 8월 7일에는 내가 잠깐 실수했지만 말이다). 지금의 나는 갈등론과 두 세계론을 모두 거부하는, 아직 소수지만 지지자가 증가하고 있는 견해 편에 서 있다.

2. 일반적인 견해에 대한 비평

먼저 갈등 모델에 대한 반론으로 시작하려 한다. 과학과 종교의 관계를 설명하면서 사용한 '전쟁'(warfare)이라는 용어는 좀처럼 의심하지 않는 대중을 상대로 역사가들이 저지르던 하나의 커다란 신화다. 19세기 저자 존 드레이퍼(John W. Draper)와 앤드류 화이트(Andrew Dickson White)는 각각 「종교와 과학의 갈등의 역사」(*History of the Conflict between Religion and Science*, 1874)와 「과학과 기독교 신학의 전쟁의 역사」(*A History of the Warfare of Science with Theology in Christendom*, 1896)를 저술했다. 두 책 모두 굉장히 인기를 끌었지만, 오늘날의 시각으로 보면 편파적 해석을 담고 있다. 그들의 과거를 되짚어 보면 우리는 드레이퍼와 화이트가 책을 쓴 동기를 찾을 수 있다. 드레이퍼는 "당시 로마에서 교황 무오류설을 선언하고 '인간의 과학'(human sciences) 위에 '계시된 교리'(revealed doctrine)를 올려둔다고 발표한 성명에 반발하였다."[4] 코넬 대학의 초대 총장이던 화이트는 코넬 대학이 과학에 쏟아부은 많은 양의 자금을 둘러싸고 종교인들과 분쟁에 휘말렸다.

데이비드 린드버그(David Lindberg)와 로널드 넘버스(Ronald Numbers)가 편집한 「하나님과 자연: 기독교와 과학의 대면에 관한 역사적 에세이」(*God and Nature: Historical Essays on the Encounter between Christianity and Science*)는 그 편견을 수정하였다.[5] 그 책의 저자들은 가톨릭과 개신교 교회가 과학을 종종 강력하게 지지해 왔다고 지적하였다. 교회가 과학 반대편에 서 있다는 일부 논란은 사실 훨씬 복잡하다. 지적인 쟁점, 예컨대 중세 아리스토텔레스적 세계관에서 근대적 세계관으로 이행되는 것과 같은 쟁점을 두고 그리스도인끼리 관점을 달리하며 논쟁을 벌였다(중세 과학은 아리스토텔레스의 철학 체계에 의존하였다. 일례로 중세 당시는 지구가 우주의 중심이라는 아리스토텔레스의 우주 체계를 수용하는 것이 정설이었다_ 옮긴이).

그렇다고 과학적 진보를 반대한 일부 그리스도인의 존재를 부인하는 것은 아니다. 예를 들면, 지금도 북아메리카의 몇몇 보수 그리스도인 부류는 진화 생물학이 반기독교적이라고 확신하고, 공립 학교에서 가르치지 못하도록 싸우고 있다. 반면에 또 다른 그리스도인들은 마치 교회 밖 세속 비평가들만큼이나 저들의 진화론 반대 운동을 열심히 반대한다. 종교와 과학의 갈등이 존재하긴 하지만, 그것들은 단지 더 복잡한 이야기의 일부에 지나지 않는다.

나는 과학과 종교를 두 세계로 구분하는 견해에도 반대한다. 신학과 과학이 교류하는 많은 사례가 있기 때문이다. 신학과 과학이 상호작용하고 있다면, 갈등이나 분리처럼 그 둘이 서로 소통할 수 없다고 말하는 이론은 확실히 잘못된 것이다.

2.1 신학과 화성 생명체

화성에서 온 바위를 다시 생각해 보자. 이는 신학과 매우 관련 깊은 과학적 발견이다. 그리스도인에게 그 중요성은 수많은 '만약'(if), 즉 가정에 의존할 뿐이다. 첫 번째 가정은 '만약' 그 생명체가 화성에서 온 것이 맞는다면, 오래전 화성에 정말로 생명체가 존재했는지를 확인해야 한다. 두 번째 가정은 '만약' 오래전 화성에 생명체가 존재했다면, 그 생명체가 지구와 같은 다른 행성에서 화성으로 옮겨 간 것인지, 아니면 지구 생명체와 상관없이 화성에서 독자적으로 발생하였는지를 확인해야 한다.

화성에서 독자적으로 생명체가 발생한 것이라면, 이 문제는 기독교와 밀접하게 관련된다. 첫 번째 주요 사안은 하나님이 생명을 창조하신 방법에 관한 것이다. 앞서 언급했듯이, 그리스도인들은 생물학적 진화를 놓고 둘로 갈라져 있다. 창세기의 창조 기사에 대한 특정 해석에 근거하여 진화 생물학을 부정하는 그리스도인에게는 원시 단계라 해도 화성에 생물체가 있었다는 사실 자체가 신학적 우려를 불러일으킨다. 창세기는 화성에 세균을 창조하신 하나님을 언급하지 않는다는 사실에서 표면상 쟁점이 시작된다. 어떤 사람은 이렇게 말할지도 모르겠다. "글쎄, 그렇긴 하지만, 그렇게 따지면 지구상에 세균을 만드셨다거나 언제 만드셨는지도 창세기는 전혀 언급하지 않지요." 어떤 창조론자들은 오랫동안 다음과 같이 주장해 왔다. "창세기는 지구 밖 다른 곳에 생명체가 없다고 말하는 것이 아니라, 단지 지구 생명체에 대해 말하려는 것일 뿐이다."[6]

그래도 여전히 신학적 질문이 남는다. 각 종(species)을 하나하나 신중하게 만드신 하나님이 후에 그저 사멸될 세균 같은 유기체를 창조하신 이유가 무엇일까? 이 질문은 창조론자와 유신 진화론자의 차이를 규정하는 주요 사안이다.

두 세계론을 지지하는 사상가들은 내가 말한 이런 내용을 들으면 반가워할 것이다. 그들에 따르면, 그리스도인들은 성경을 역사나 과학 교과서로 읽으려 하기 때문에 곤혹스러워한다. 그러나 그들의 견해와 달리 과학과 신학은 서로 분리된 두 세계의 이야기가 아니다. 화성에 생명체가 있었다는 과학적 사실 자체가 그리스도인에게 신학적 함의를 갖기 때문이다.

진화론에 대해 그리스도인의 견해가 어떻든 간에 화성에서 온 바위가 의미하는 바는 그리스도인들에게 중요하다. 이는 지구 밖 우주 어딘가에 지각을 가진 생명 형태가 있을지 모른다는 사실을 말하기 때문이다. 지금까지 전문가들은 두 부류로 고르게 나뉜 듯싶다. 한 부류는 생명의 탄생 조건이 매우 특별하고 재현 불가능하기에 우주 생명체는 아마 지구에서만 가능하리라고 주장한다. 다른 부류는 광대한 수의 별들을 놓고 볼 때, 여러 군데에서 생명이 탄생할 가능성이 크다고 주장한다.

단순히 개연성만 놓고 따지면 우주에는 생명체가 풍부하리라는 쪽으로 기운다. 태양계 중 화성과 지구 두 행성에서 독립적으로 생명이 발생하였다면, 우주 전체적으로 생명체가 발생한 별이 편만할 것이라고 추측할 수 있다. 일단 생명체가 존재한다면, 진화된 형태의 다른 생명체도 있을 수 있다. 그렇게 되려면, 우리가 판단하기로는 재생산될 수 있는 첫 번째 유기체를 얻는 것이 가장 큰 관문이다. 일단 재생산이 가능하면, 다음 단계의 증식과 발달은 오히려 쉽다.

우리와 같은 지적 생명체가 유일하지 않다는 것은 무슨 의미일까? 이와 관련하여 그리스도인에게 두 가지 신학적 쟁점이 발생한다. 첫째 쟁점은 (유대인과 무슬림도 마찬가지인데) 하나님 보시기에 인간이 조금 특별한 존재라는 창세기의 가르침을 어떻게 보아야 하느냐다. 둘째 쟁점은 예수 그리스도와 관련된다. 먼저, 창조에 관한 첫 기사(창 1:1-2:4a)를 보자. 그 기사에서 창조의 절정은 인간의 창조이며, 상대적으로 인간 창조에 많은 지면을 할애한다. 인간은 하나님의 형상을 따라 만들어졌다고 기술한다. 두 번째 기사(창 2:4b-24)에서도 인간이 짝을 이루는 것에 초점을 맞추고, 다른 생명체에 대한 지배권을 인간에게 부여한다.

우주 어딘가에 또 다른 생명체가 있다면, 인간의 중요성에 관한 전통적 견해와 성경 가르침의 정당성을 의심하게 한다는 점에서 확실히 논란거리가 될 것이다. 그러나 이것이 최초의 도전은 아니다. 코페르니쿠스 혁명은 지구를 우주의 중심에서 쫓아냈다. 뒤이은 천문학의 발견은 우주에서 지구의 크기와 연대가 얼마나 하찮은지를 드러냈다. 오래전 진화 생물학에서는 다른 동물 종들과 인간 종의 연속성을 강조했고, 일부 학자들은 지금도 여전히 인간 종이 우연히 발생했다는 특성을 언급한다. 즉, 진화 역사가 되풀이된다고 하더라도 현생 인류(*Homo sapiens*)가 다시 출현하리라 보장할 수 없다고 추측하는 것이다.

그러나 우주의 다른 어느 곳에서 생명체가 발견되더라도 인간에 관한 성경의 가르침과 모순되지는 않는다고 나는 믿는다. 창세기는 지구상의 다른 피조물 가운데 단지 우리 인간이 특별하다고 말할 뿐이다. 그러한 발견은 지구의 다른 생명체 중에서 왜 인간이 신학적으로 중요한지를 숙고하게 한다. 성경의 나머지 이야기는 이성이 하나님과 관계 맺는 인간의 능력임을 증언한다. 무엇이 인간에게 그런 능력을 부여하는지에 관해서는 다양한 견해가 있으나, 적어도 인간에게 지능이 있어야만 하나님에 관한 지식을 얻을 수 있을 것으로 보인다. 지능에는 인간을 사회적으로 만들면서 그에 따라 '인격적'(personal)이신 하나님과 인격적 관계를 형성하게 만드는 무언가가 있다.

그러한 관계 맺음이 하나님에게 참으로 중요하다면, 하나님이 되도록 많은 관계가 형성될 수 있게 우주를 설계하셨다 한들 전혀 놀랄 일이 아니다. 실제로, 고대와 중세의 신학자들은 최상의 우주에는 생명체로서 가능한 모든 형태가 존재할 것이라는 충만의 원리(the principle of plenitude)를 고수하였다. 이것은 천사와 사람, 말과 고양이, 꽃만 있는 우주가 아니라 바퀴벌레와 모기, 캐나다 엉겅퀴가 있는 우주를 설명한다.

바티칸 천문대 책임자이자 예수회 신부였던 조지 코인(George Coyne)은 이렇게 말한다. "'하나님은 절대 선이시다'라는 아우구스티누스 전통에 따르면, 선이 쏟아져 나오게 하기 위해서는 선이 선 자체를 재생산하는 것이 거의 필수 불가결하다."[7] 따라서 하나님의 창조에는 가능하면 지적이고 사회적인 능력을 갖춘 다른 생명체들의 출현이 포함될 것이라는 신학적 상상이 가능하다.

사실이 그러하다면(앞서 긴 '만약'의 연속을 상기하라), 특히 그리스도인에게 신학적인 두 번째 쟁점인 예수 그리스도에 관한 질문이 생긴다. 지적인 다른 생명체가 존재한다는 것은 그리스도께서 유일무이하다는 전통적 기독교 주장에 어떤 차이를 만들까? 성경은 모든 방식으로, 그리고 끝내는 예수 안에서 인류에게 손을 내미는 관대한 하나님의 이야기다. 따라서 하나님의 그런 제안에 반응할 능력이 있는 여타 생명체의 존재를 상상하면서 동시에 다른 행성에서 그에 상응하는 사건이 일어날 가능성을 부인한다면, 그것은 모순이다.

'기독론적 최대주의'(Christological maximalism)라고 적절하게 호명되는 신학상 원리가 있다. 이는 일관성만 유지한다면 중요한 모든 것은 예수께 귀속될 수 있다는 의미다.[8] 그리스도인은 예수 그리스도의 중요성을 다양한 방법으로 표현하였다. 즉, "하나님의 독생자"라고 표현한 요한복음과 아버지와 아들의 '동질성'(consubstantiality)을 언급하는 칼케돈 신조(Chalcedonian)를 바탕으로 예수를 인류를 향한 최고의 계시로 보는 온건한 견해도 있고, 예수는 단지 서구 문화만을 위한 계시자와 구원자라고 여기는 한층 더 축소된 주장도 있다. 그러므로 나는 우주의 다른 지역에 다른 구원자-계시자가 있으리라는 가설이 예수의 중요성에 대한 강한 확신을 반박하지 않음을 강조한다. 오히려 그러한 주장이 사용하는 언어를 재검토할 것을 요구하는 바다.

따라서 갈등 모델과 두 세계 모델 중 어느 것도 화성 생명체 발견을 놓고 벌어지는 신학과 과학의 관계를 충분히 설명하지는 못한다. 화성 바위는 하나님의 관점에서 인류의 중요성과 예수에 대한 교리를 재평가할 것을 요구한다. 이것은 신학과 과학이 상호 교류할 수 없는, 실재의 다른 영역들을 다룬다는 두 세계 모델의 견해를 부정한다. 이러한 과학적 발견이 기독교 신학과 충돌한다고 단순하게 말할 수는 없다. 아마 기독교 교리의 일부 견해와만 충돌할 것이다. 그러한 발견은 오히려 하나님의 넘쳐 나는 선하심 같은 기독교의 다른 가르침을 놀라운 방식으로 강화한다. 이런 점에서 과학과 종교는 서로 분리될 수 없다. 우주에 지적 존재가 있다면, 우리는 하나님의 계획 속에서 우리 자신에 대해, 그리고 예수 그리스도의 구속 범위에 대해 이것이 의미하는 바를 숙고해야 한다.

3. 창조적으로 상호 작용하는 신학과 과학

기독교와 과학의 관계를 이해하려면 제3의 견해 또는 모델이 필요하다. 여러 과학 분과 사이의 관계를 고찰함으로 신학과 과학의 관계를 더 잘 설명하기 위한 작업을 시작하고자 한다.

3.1 과학 분과의 계층 모델

과학은 오랫동안 계층 구조로 편성할 수 있다고 인식되어 왔다. 계층 가장 아래에 물리학이 있고, 그 위로 화학, 그 다음에 생물학이 있다. 가장 작으면서 가장 기초적인 실재의 구성 성분을 물리학이 연구한다고 생각했기에 그런 구조가 가능했다. 물리학은 본래 원자를 연구하는 것으로 여겨졌지만, 지금은 원자보다 작은 기본 입자를 규명한다. 화학은 어떻게 아원자(subatomic) 입자가 원자와 분자를 이루도록 배열되는지를 연구한다. 엄청나게 많은 수의 화학 현상이 물리학의 관점에서 설명될 수 있다. 마찬가지로 생물학에서는 세포 기능, 대사 등 여러 가지를 연구하지만, 그것들 역시 기본적으로는 복잡한 화학 반응을 포함한다. 조직, 세포, 세포 내 소기관은 결국 단백질, 핵산 등과 같이 극도로 복잡한 생화학적 분자들로 구성되어 있다.

심리학이 생물학의 상위 계층에 놓일 수 있는지는 여전히 논쟁거리다. 그러나 정신 질환과 같은 인간 행동을 뇌 기능, 특별히 뇌 화학의 한 측면으로 이해할 수 있다고 제안하는 점에서 생물학의 상위 계층에 심리학을 놓을 근거는 확실하다. 오늘날에는 인간의 심리적 차이를 유전적으로 설명하려는 시도에 관심이 많다. 그런 면에서 심리학을 화학과 생물학의 상위 구조에 위치시키는 것은 합리적이라 생각된다. 많은 사회학자는 자신들의 학과를 심리학과 인접한 계층에 위치시키고자 하며, 사회 현상을 개인 심리학 법칙으로 설명할 수 있다고 주장한다.

이렇듯 우리에게는 과학을 배열한 계층 모델이 있다. 더 높은 계층의 과학일수록 그보다 아래 계층 과학보다 복잡한 조직화 또는 체계를 이룬다.

과학을 이렇게 보는 방식은 오랜 역사를 지니고 있다. 근대 초기부터 물리학은 새로운 원자론을 사용하여 화학 현상을 성공적으로 설명했다.

과학자와 철학자는 계층 모델을 쉽게 수용한 반면,[9] 그 모델에 내재된 **환원**(reduction)이란 쟁점에 대해서는 논쟁이 오래되었다. 논리 실증주의자들이 환원주의(reductionism)라는 논지를 가장 열광적으로 개진하였다. 이들은 1920년과 1930년대 빈 학파의 저작에 사상적 근원을 둔 철학자와 과학자, 그리고 기타 학자들로 구성되었다. 그들의 목표 중 하나는 과학의 통합이었고, 이 목표는 앞서 기술한 과학의 계층에 바탕을 두었다.

논리 실증주의자들은 단순히 과학의 계층을 분류하는 것 이상으로 과학의 급진적 통합에 관심을 두었다. 그들은 계층 모델을 통해 각 과학 분야가 그보다 아래 단계에 있는 과학으로 환원될 수 있음을 보이고자 했다. 즉, 특정 단계에 있는 개체 과학의 행태는 바로 아래 단계의 과학과, 그 과학 일부의 작동이라는 관점에서 전적으로 설명할 수 있다는 것이다. 물리학이 가장 기저에 있기 때문에 최종적으로 모든 사물은 물리학 법칙의 결과로 이해되어야 했다.[10]

과거나 지금이나 환원이 중요한 연구 전략임에는 의심할 여지가 없다. 전자(electrons) 활동이 화학 결합을 설명하고, 생화학적 과정이 인간 행동에 영향을 준다는 식이다. 그러나 이 전략이 성공하려면 실재의 본성에 관한 이론이나 형이상학까지도 환원주의로 정당화할 수 있어야 한다. 하지만 아직은 환원주의만으로 풀 수 없는 문제가 많이 남아 있다. 가장 뚜렷한 문제는 인간의 자유에 관한 것이다. 인간 행위를 전적으로 화학적으로 환원할 수 있고 화학은 물리학으로 환원할 수 있다면, 물리학의 모든 법칙이 우리가 행동하는 모든 것을 궁극적으로 결정한다는 것이 되고, 인간의 자유 의지는 한낱 환상에 지나지 않은 것이 되고 만다.

논리 실증주의자들이 과학을 위한 그들의 환원주의 프로그램을 개선하여 펼친 바로 그 무렵, 미국 철학자 로이 우드 셀라스(Roy Wood Sellars, 1880-1973. 로이 우드 셀라스는 비판적 실재론으로 유명한 윌프리드 셀라스의 아버지다_ 옮긴이)는 '창발적 실재론'(emergent realism), '창발적 자연주의'(emergent naturalism), '진화적 자연주의'(evolutionary naturalism)와 같은 이름으로 과학의 계층 모델에 대한 비환원주의적 견해를 발전시키고 있었다. 나는 이 책에서 오늘날 더 일반적으로 쓰이는 **비환원적 물리주의**(nonreductive physicalism)[11]라는 용어를 사용하겠다. 셀라스는 1916년에 복잡한 체계의 계층 구조 안에 창발적 속성으로서 정신에 대한 개념을 규명하기 시작했다.[12] 그는 층위에 따라 비환원적 계층을 만들어 자연에 대한 개념을 발전시켰다. 그가 지지하는 단계는 무기물, 유기물, 정신적, 의식적, 사회적, 윤리적, 그리고 종교적(또는 영적) 층위다.

셀라스는 환원적 물질주의(reductive materialism)를 명백히 반대한다. 그에 따르면, 자연계는 시간이 흐르면서 창발 과정을 겪은 복잡한 단계를 나타내는 거대한 체계다. 그는 환원주의자들이 자연을 지나치게 기계적이며 개별적인 요소로 분리하고 분석하는 원자론적인 시각을 가졌다고 비판하였다. 그는 "현미경으로 볼 수 있는 크기의 당구공 모양들이 우리의 존재론적 상상력을 처음부터 망가뜨려 놓았다"[13]고 말하였다.

환원적 물질주의를 반대하면서 셀라스는 "대상은 조직과 전체 구조로 보아야 참으로 의미 있다"고 주장했다. 이때 '전체'는 이를 구성하는 입자들의 단순한 합이 아니다. 환원적 물질주의는 조직체보다 조직을 이루는 '재료'(stuff)를 지나치게 강조한다. 그러나 물질은 자연의 단지 한 부분일 뿐이다. "자연에는 에너지가 있고, 일정한 패턴이 실재하며, 온갖 친밀한 관계가 존재한다." 따라서 "물질(또는 재료)은 통합(integration), 패턴(pattern), 기능(function)과 같은 용어로 보강되어야 한다."[14]

책상과 같은 중간 크기의 물질적 대상은 원자로 구성되어 있다고 우리는 알고 있다. 셀라스의 논지를 파악하는 한 가지 방법은 책상과 소용돌이치는 원자들의 덩어리 가운데 어느 것이 실재적인지 질문하는 것이다. 환원주의자들은 원자만이 실재라고 말한다. 그러나 셀라스는 책상도 동일하게 실재이며, 세상을 충분히 묘사하려면 이것을 고려해야 한다고 말한다.

셀라스에 따르면, 1932년 당시 과학과 철학은 과거 유물론이 보지 못한 유기체, 자연 종(natural kinds), 단계들에 관련된 원리들을 인식하기 시작했다.[15] 여전히 열렬한 환원주의자가 많이 존재하며, 지금도 환원주의는 과학과 철학에서 훨씬 우세한 위치를 차지하고 있다. 그러나 과학과 심리 철학의 발전으로 규명되고 있듯이 균형추는 환원적 물리주의에서 비환원적 물리주의로 넘어가고 있다고 나는 믿는다.

과학의 계층 모델에 있는 각 층위에서 활동하는 많은 과학자가 이 점을 인식하고 있다. 분석과 환원은 과학 연구에서 중요한 일면이기는 하지만, 자연 세계를 완전하고도 충분하게 설명하지는 못한다. 간단히 말해서 하나의 개체를 이해하려면 그 개체를 이루는 부분뿐 아니라 개체를 둘러싼 환경과의 상호 작용도 고려해야 하는 것이다. 이는 '상향식'(bottom-up) 분석 외에 '하향식'(top-down) 분석도 필요하다는 뜻이다. 생화학자들은 시험관에서 보이는 화학 반응과 살아 있는 유기체 안에서 일어나는 화학 반응이 동일하지 않다는 것을 잘 알고 있다. 생태학은 환경이 다르면 유기체들이 다르게 작동한다는 인식에 기반한다. 일반적으로 실체와 그 실체를 둘러싼 환경으로 구성되는 더 상위 수준의 구조가 완전한 인과적 설명을 제공한다는 점을 고려해야 한다.

생물 철학자인 도널드 캠벨(Donald T. Campbell)은 생물학의 상하 계층 배열에 속한 관계들을 기술한다. "상위 층위에서 일어나는 모든 과정은 아원자 물리학을 포함한 하위 층위의 법칙에 따라 작동되며 그에 따라 제약을 받는다. 이러한 미시 역학(micromechanisms)을 명확히 서술하기 전까지는 설명이 완성된 것이 아니다." 그러나 이러한 환원적 요구에 대해 그는 다음과 같이 덧붙였다.

> 중간 층위에서 벌어지는 현상은 하위 층위의 용어로 그 실행과 가능성이 완전하게 설명되지 못한다. 어떤 현상이 출현하여 분포되거나 확산되는 데(어떤 생물학적 현상을 완전히 설명하는 데 필요한 모든 것)는 조직의 상위 층위에서 벌어지는 법칙이 준거점으로 요구되기도 한다. 계층 배열의 최초 요소를 포함한 하위 층위에서 벌어지는 모든 과정의 해석은 상위 층위에서 벌어지는 법칙을 따르며, 그 법칙에 제약을 받는다.[16]

이처럼 모든 과학에는 수많은 질문이 등장하는데, 그중에는 자기 과학 수준에서 논의하는 요소나 자기 과학보다 하위 층위에 있는 요소를 참조해서 대답할 수 있는 질문이 있다. 반면, 분석의 상위 층위에 기술된 요소들을 참조해야만 대답할 수 있는 질문도 있다. 후자를 '경계성 질문들'이라 부르겠다.

요약하면 환원주의자들의 견해에 반대하는 이들은 늘 존재했고, 주로 인문 과학 분야에 몰려 있다. 그렇지 않다면 왜 본성 대 양육, 생물학 대 환경에 관한 논쟁이 있겠는가? 최근까지 환원주의자들은 자연 과학에서 승리한 것처럼 보였고, 인문 과학에서도 목소리를 높였다. 그러나 그 국면이 점점 변하고 있다. 심지어 자연 과학에 속한 이들도 환원주의는 근본적으로 한계가 있고, 계층 모델에서 상위 층위의 학문이 전체 자연계 구조에서 인과적 역할을 한다고 인정한다.

이제 나는 신학과 비환원적으로 설명되는 과학의 관계를 언급하려 한다. 그 전에 과학의 계층 모델에서 한 가지 개선점을 추가할 필요가 있다. 지금까지 상위 층위들을 언급하면서 나는 그 층위가 (자연환경 안에서 상호 관련된 유기체를 연구하는 생태학처럼) 더 많은 것을 포괄하는 방향으로 상향하는지, 아니면 더 복잡한 구조로 상향하는지를 분명히 하지 않았다. 포괄성과 복잡성, 이 두 가지 기준은 (늘 그렇지는 아니지만) 대체로 겹친다.

계층 모델이 전체를 아우르는 포괄성 기준에 근거한다면, 아마도 우주론이 가장 상위 층위에 놓일 것이다. 우주론은 우주 전체를 연구하기 때문이다. 반면 복잡성 기준으로 보면, 우주론자가 제시하는 우주의 추상적 설명보다 사회 구조가 더 복잡할지, 아니면 그저 그만큼 복잡할지는 의문이다.

이 질문에 대답할 좋은 방법은 없을 것 같다. 따라서 계층 모델에서 가지가 뻗어나가는 모델을 사용하여 과학 분야 사이의 관계를 나타내는 것이 도움이 될 것이다. 인문 과학 분야가 한쪽으로 가지를 쳐서 뻗어나가고, 자연 과학 분야는 생물학 위 다른 쪽으로 가지를 뻗는 형태다. 물리학, 무기 화학, 생화학, 그리고 다양한 수준의 생물학이 나무줄기를 형성한다. 한쪽 가지에서는 우주론이 자연 과학으로서 끝을 이루고, 다른 쪽 가지에는 심리학과 사회 과학을 포함한 인문 과학이 놓인다.[17]

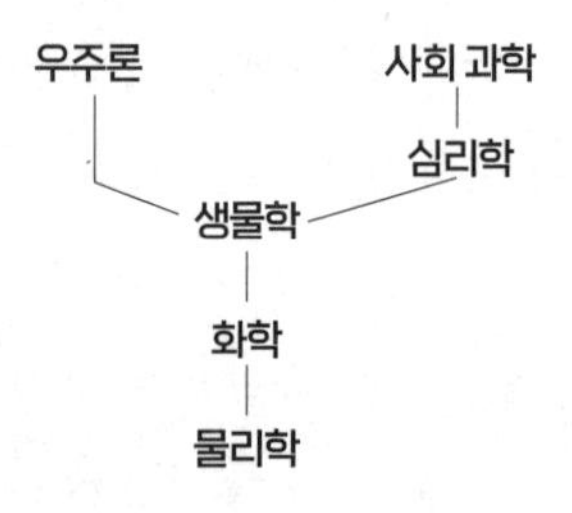

3.2 과학의 계층 모델 안에 있는 신학

이제 과학의 계층 모델에 더 근본적인 추가를 고려해 볼 직하다. 영국 성공회 신학자이자 생화학자인 아서 피콕(Arthur Peacocke)은 신학과 과학에 대한 내 생각에 깊은 영향을 주었다.[18] 그는 신학을 계층의 최상부에 위치한 과학으로 간주하자고 제안한다. 신학은 가장 포괄적 구조에 관한 연구(하나님과 다른 모든 것의 관계에 대한 연구)이기 때문이다. 이 견해는 다음과 같이 나타낼 수 있다.

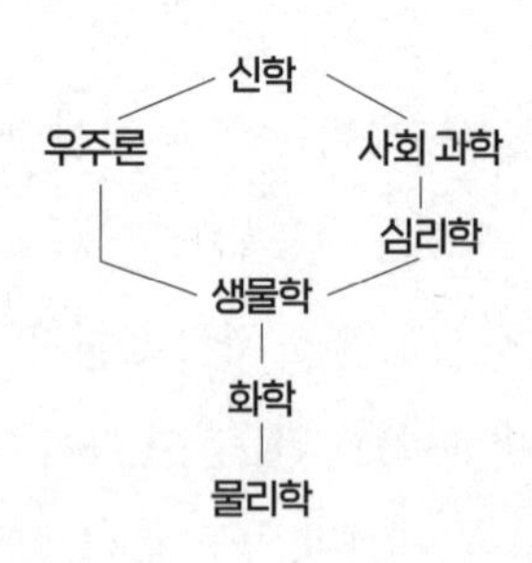

4. 요약

1장에서 나는 화성에서 온 바위라는 과학적 발견을 사용하여 과학과 신학의 관계에 대한 가장 흔한 두 견해를 소개하고, 그 견해들이 부적합하다는 것을 설명하였다. 대신에 하나의 과학이 다른 과학과 관련되는 양상과 동일한 방식으로 신학 역시 일반 과학과 관련되어 있다는 제3의 견해를 주창하였다.

이 제3의 견해가 갈등 모델과 두 세계 모델이 지닌 최선의 통찰과 어떻게 조화하는지에 주목하기를 바란다. 이 견해는 한편으로 두 세계 이론가들처럼 신학과 과학이 분리되고 정말로 다르다는 점을 인정한다. 심리학의 관심사가 생물학의 관심사와 다르듯, 신학에는 고유한 주제(주로 하나님)가 있다. 이렇듯 이 견해는 신학과 각 과학 분야가 서로 상이한 언어를 가진다는 것을 인정한다. 생물학에는 심리학 용어인 '신경증'(neurosis)이나 '자아 강도'(ego strength)에 해당하는 용어가 없다. 마찬가지로 과학에는 '구원', '은총', '죄'에 해당하는 용어도 없다.

다른 한편으로 이 제3의 견해에서는 더 보수적인 갈등 이론 지지자들의 주장처럼 신학과 신학 아닌 것을 분리하는 것이 불가능하다고 주장한다. 게다가 하나의 현상을 철저하게 설명하려면 인접 과학들이 필요하듯, 신학 또한 과학에 도움을 주기도 하고 받기도 한다.

죄에 대한 신학적 개념을 생각해 보자. 예를 들어 "살인은 죄"라는 표현에서는 신학적 죄와 사회적 죄의 개념이 연관될 수 있다. 그러나 신학적 죄와 살인 같은 사회적 죄가 같을 수는 없다. 죄는 살인보다 포괄적인 개념이며 본질적으로 사람과 하나님의 관계에 관한 것이기 때문에, 살인으로 축소될 수는 없는 것이다. 그렇지만 죄에 대한 사회적, 심리적, 심지어 생물학적 정보가 서로 연관될 수는 있다. 이를테면, 어떤 사람이 죄를 범했더라도 그 사람이 금치산자라면 섣불리 범죄자로 심판할 수 있겠는가?

앞으로 이어질 장에서 신학을 과학과 연결하는 작업에는 이러한 모델을 활용할 것이다. 다음 장에서는 신학 자체가 과학이 될 수 있는지를 규명하기 위해 신학의 과학적 특성에 대해 논의하겠다.

Reconciling Theology and Science

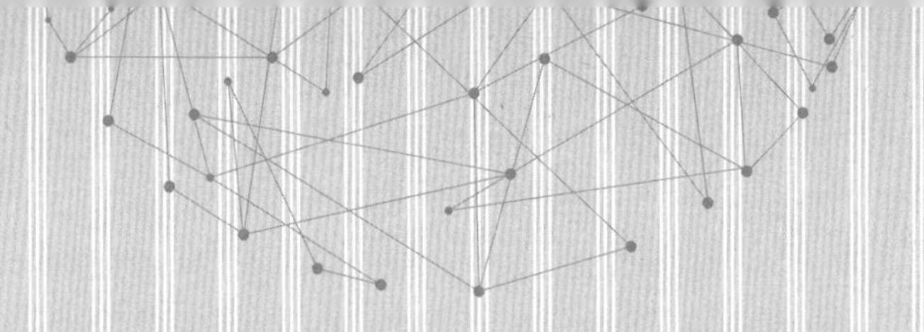

2장

과학으로서의 신학

∞

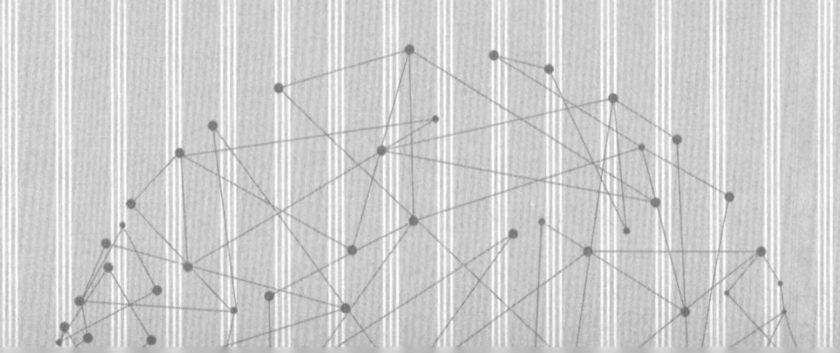

1. 신학이란 무엇인가

'신학자들은 어떤 방식으로 사고하는가?' 이 문제는 내게 늘 강한 호기심을 불러일으킨다. 이러한 관심은 나의 지적 발달 과정에서 몇 가지 요소가 동시 발생한 데서 비롯되었다. 나는 과학 철학 분야 가운데 과학 이론을 정당화하는 데 관련된 **합리적 추론**(reasoning) 같은 문제에 집중하면서 학문적 작업을 시작하였다. 가톨릭교도로 자란 나는 대학까지 줄곧 가톨릭 학교에서 보내다가 버클리 대학원 과정에서 난생처음 무신론을 접했다.

일요일에는 미사에 참석해서 보이지 않는 신앙의 신비에 잠겼지만, 월요일부터 금요일까지 나와 함께 시간을 보내는 사람들은 이런 신비를 알 수 없었다. 아니, 그들에게는 아예 존재조차 하지 않는 것이었다. 무신론자들과 함께 지내면서 그런 점이 내게 의문을 불러일으켰다. '하나님', '은총', '성령'에 관해 내가 배운 것들이 사실임을 과연 어떻게 **알 수 있을까**?

나의 지적 발달에 영향을 끼친 또 다른 요소는 은사주의 예배에 참석한 경험이다. 철학적 관점에서 볼 때, 은사주의 기도 모임에서 흥미로운 점은 성경에 기록된 많은 부분이 기록된 그대로 그 모임에서 보이거나 들린다는 점이다.

그 여러 해를 거치면서 나는 이 질문들을 다음과 같이 정리하였다. "과학 이론이 과학자의 실험실 경험과 관련되는 것처럼 신학이나 기독교 교리가 그리스도인이 겪는 삶의 경험에 같은 정도의 관련성을 제공

할 수 있을까?" 이것이 내가 지금까지 대답하려고 애쓰는 질문이다.[1]

이번 장에서 나는 신학 그 자체를 과학이라 말하는 것이 왜 옳은지, 왜 그렇게 믿는지를 설명하고자 한다. 이를 위해서는 두 단계가 필요하다. 첫째, 과학에 사용되는 '합리성의 형태'를 먼저 탐사할 것이다. 둘째, 신학에서 '어떤 것을 데이터로 고려해야 하는지'를 보다 면밀하게 검토할 것이다.

신학의 과학적 지위에 대한 논의는 신학과 과학을 연결하기 위해 내가 제안한 모델을 결정적으로 뒷받침한다. 과학의 계층 모델에서 신학을 최상층 과학으로 인정하면서 신학에 대해 그 자체는 어느 모로 보아도 과학이 아니라거나 과학과 최소한의 유사성도 없다고 하는 주장은 앞뒤가 맞지 않다. 예를 들어, 과학과 유사성이 결여된 예술이나 음악을 과학의 계층 모델에 추가하는 것은 상상할 수 없다. 심지어 미술사(art history)도 마찬가지다. 따라서 이번 장의 논의에서는 신학이 과학의 계층 모델에서 최상층에 위치할 적절한 후보임을 보이는 것이 필요하다.

신학이 과학이라는 주장은 그리 새로운 것이 아니다. 중세 시대 당시 신학은 하나의 과학일 뿐 아니라 과학들의 여왕으로 간주되었다. 그러나 과학이라는 용어 자체가 지닌 역사적 전례는 오늘날 그리 도움이 되지 않는다. 주로 근대 경험 과학의 발흥에 기인하여 **과학**(science, 또는 라틴어로 '사이언티아'[*scientia*])이라는 단어의 의미가 심대하게 바뀌었기 때문이다.

그러나 근대에 나타난 일부 선례는 도움이 될 것이다. 신학자들의 신학 기술(description) 변화와 신학 방법론에 나타난 변화를 추적하고, 그런 변화를 과학적 추론 과정의 변화와 비교하는 것은 흥미롭다.

2. 과학의 발달과 병행하는 신학의 발달

과학 철학은 과학적 추론 과정에 대한 이해를 추구하는 철학 분과다. 과학 자체가 근대를 지나며 상당 부분 발전했듯이 과학 철학 역시 발전했다. 과학 철학이 발전하면서 과학이 실제로 어떻게 작동하는지를 더 잘 이해할 수 있게 되었다. 근대 태동기에는 연역적 모델과 귀납적 모델이라 불리는 두 가지 경쟁 이론이 있었다. 20세기 들어 과학 추론 방법은 더 복잡한 이론으로 발전되었는데, '가설-연역 방법'(hypothetico-deductive)이라 불리는 모델이다. 이러한 추론 방법이 신학에 어떻게 적용되는지를 차례로 검토하겠다.

2.1 연역적 모델

기하학을 이상적인 과학으로 인정한 고대와 중세의 인식론은 주로 과학의 연역적 관점을 일관되게 사용하였다. 유클리드가 기하학의 모든 정리(theorem)는 일단의 공리(axiom)에서 연역될 수 있음을 보였듯이, 물리학과 화학, 심지어 심리학조차 과학자의 작업은 그 공리를 발견하는 것이었다. 이러한 공리들에서 그 과학에 관련된 모든 데이터를 추론할 수 있어야 했다.

신학에도 이러한 연역법과 유사한 예가 있다. 1908년에 침례교 신학자 E. Y. 멀린스(Mullins)는 다음과 같이 썼다.

> 기독교에 대한 내 생각을 여섯 개의 짧은 진술로 주장하려 한다. …… 그 진술들은 자명하다. 그것은 기독교의 공리다. …… 이 여섯 진술은 신약의 가르침이라는 하나의 줄기에서 뻗어 나온 여섯 개의 가지다.

그 공리는 다음과 같다.

1. 거룩하고 자애로운 하나님께 신적 통치권이 있다.
2. 모든 신자는 하나님 앞에 직접 나아갈 권리가 있다.
3. 모든 신자는 교회에서 평등할 권리가 있다.
4. 책임 있는 사람이 되려면 자유로워야 한다.
5. 자유로운 교회는 자유 국가에서 가능하다.
6. 이웃을 네 몸같이 사랑하라.

멀린스는 말했다. "수학에 공리가 존재하듯, 도덕적이며 종교적인 영역에도 이러한 진리가 존재한다."[2]

2.2 귀납적 모델

근대 초기에 과학에서 연역법과 경쟁하던 방법은 프랜시스 베이컨(Francis Bacon)의 귀납법이었다. 17세기 초, 베이컨은 옛 중세식 개념인 연역적 과학 추론에 반대하였다. 그러면서 과학 추론의 시작점은 실험과 관찰이어야 한다고 강조하였다. 그에 따르면 과학자는 조사 중인 현상들의 모든 실례를 실험과 관찰을 통해 수집해야 했다.

예를 들어, 연구하는 주제가 열(heat)이라면, 과학자는 열과 관련된 모든 사례(태양, 불, 피 등)를 의식적으로 수집해야 한다. 또한 열과 반대되는 경우의 목록(달빛이나 죽은 동물의 피 등과 같은 차가운 것들)도 수집해야 한다. 그런 다음 두 경우를 비교하면, 열이 있는 것과 없는 것을 구분하여 귀납적 일반화를 만들 수 있다.

베이컨의 견해는 과학뿐 아니라 신학에도 상당한 영향을 끼쳤다. 1871년, 프린스턴 신학자 찰스 하지(Charles Hodge)는 신학도 "자연 과학에 적용된 귀납적 방법과 본질적으로 모든 면에서 일치하기 때문에" 신학에 귀납적 방법이라는 이름을 붙일 수 있다고 말했다. 과학자는 사실들을 수집하고 결합한 뒤, 관련된 모든 것을 신중하게 고려한다. 그리고 그렇게 확인하고 분류한 사실들에서 법칙을 도출한다.

하지는 성경과 신학자의 관계도 자연과 과학자의 관계와 같다고 주장한다.

> 신학자에게 성경은 사실들(facts)의 저장고다. 성경이 가르치는 바를 알기 위해 신학자가 사용하는 방법은 자연이 말하는 바를 확인하기 위해 자연 철학자가 채택하는 방법과 동일하다. …… 기독교 신학자의 임무는 하나님이 자신에 대해 계시하신 모든 사실, 그리고 하나님과 인간의 관계에 관한 모든 사실을 확인하고 수집하고 결합하는

> 것이다. 신학적 사실들은 모두 성경 안에 있다. …… 마치 자연 과학자가 자연에서 수집한 데이터의 규칙에 지배되듯, 신학자도 수집된 사실들 안에 있는 규칙을 따라야 한다. …… 신학도 자연 과학처럼 원리나 법칙이 사실들에서 도출될 뿐이지, 원리나 법칙이 사실들을 바꾸는 것은 아니다.

따라서 하지는 이론에 의해 사실이 결정되는 것이 아니라 사실에 의해 이론이 결정된다는 점에서 신학을 포함한 모든 과학이 근본적으로 같다고 결론 내린다. 귀납의 원리가 적용되기까지 자연 과학이 혼란스러웠듯, 신학자들이 하나님의 말씀을 연구하는 데 그 규칙을 동일하게 사용하기를 거부한다면 신학은 사람들의 어림짐작들로 난맥상을 이룰 것이다.[3]

2.3 가설-연역적 모델

20세기 중반에 이르러 철학자들이 과학 추론 과정을 이해하는 데 중요한 진전이 있었다. 바로 '가설-연역 추론'이라는 방법론에 대한 인식이다. 이 용어 자체는 과학 철학자들에게서 비롯되었으나, 이 추론 형태는 일상생활의 모든 면에 사용된다. 간단한 예를 들어 보자. 당신이 일을 마치고 집에 왔을 때 현관문이 반쯤 열려 있고 부엌으로 가는 복도에서 진흙 조각들을 발견했다고 하자. 이것은 관찰된 사실이다. 그러면 당신은 "아이들이 집에 있다"라는 하나의 **가설**(hypothesis)을 만들 수 있다. 비록 보지는 못했지만 당신이 **이미 관찰한** 사실들이 아이들의 존재를 가장 적절하게 **설명**하기 때문에 아이들이 집에 있으리라고 추론할 수 있다.

가설적 추론과 귀납적 추론의 차이를 주목해 보자. 귀납적 추론으로는 다음과 같은 결론을 내릴 수 있다. "복도에 진흙이 있다. 부엌에도 진흙이 있다. 그렇다면 아마도 집 안 어딘가 다른 방에도 진흙이 있을 것이다." 이는 귀납적 추론이다. 가설-연역적 추론은 진흙 조각이 **더** 있는지를 알고자 하는 데 목적이 있는 것이 아니라 진흙 조각들의 **원인**, 즉 어떻게 그곳에 진흙들이 떨어져 있게 되었는가를 설명하는 데 목적이 있다. 이제 이런 종류의 추론을 왜 **가설적**이라고 부르는지 알 수 있을 것이다. 가설이 옳다면 그 가설이 관찰된 현상을 설명할 것이고, 그런 가설을 세움으로 우리는 지식을 확장한다.

하나의 가설이 일련의 관찰을 설명할 수 있다는 주장은 아직은 조금 임시변통으로 느껴진다. 그 가설이 관찰된 현상들을 좀 더 정확하게 설명할 수 있을까? 이에 대해 다음과 같은 한 가지 제안을 덧붙일 수 있다. "설정된 가설(또는 다른 전제가 가미된 가설)로부터 관찰 내용을 기술하는 진술들이 **연역적으로** 추론될 수 있다면, 그 가설은 일련의 관찰을 설명하기에 적합하다." 그렇기 때문에 철학자들은 이 방법을 '가설-**연역적**'이라 부른다. 이렇게 말하는 이유는 사실을 설명하기 위해 추정으로 제시한 가설적 설명과 관련하여 연역의 역할을 강조하기 위해서다.[4]

이그나스 제멜바이스(Ignaz Semmelweis)가 산욕열의 원인을 발견한 일화[5]는 가설-연역적 추론의 좋은 사례일 것이다. 1840년대에 빈 종합

병원에서 두 산부인과 병동의 산모 사망률이 다르게 나타났다. 두 병동 사이에 나타난 사망률의 통계적 차이가 설명되어야 했다. 제1병동의 사망률은 1844년에 8.2퍼센트, 1845년에 6.8퍼센트, 1846년에 11.4퍼센트였고, 같은 해 제2병동의 사망률은 각각 2.3퍼센트, 2.0퍼센트, 2.7퍼센트로 제1병동보다 낮았다.

제멜바이스는 이와 관련된 다양한 설명을 검토하였다. 어떤 것들은 당시에 구축된 사실들과 양립할 수 없어 완전히 배제하였고, 또 어떤 것들은 재평가하였다. 산모들을 병동에 과잉 수용한 것이 높은 사망률의 원인이라는 가설이 제기되었으나 이내 폐기되었다. 사망률이 낮은 제2병동에 산모가 더 많았기 때문이다.

사망률이 높은 제1병동에 실습 나온 학생들이 있었다는 사실을 기초로 두 번째 가설이 제기되었다. 제2병동에서는 조산사들이 분만을 도왔는데, 제1병동의 높은 산모 사망률은 의대생들의 거친 산과 진찰에 따른 상해에서 기인했을 것이라는 가설이었다. 제멜바이스는 학생들의 산과 진찰 횟수를 줄여 이 가설을 시험해 보았으나 사망률은 줄지 않았다.

세 번째 가설은 심리적인 것으로, 사망이 임박한 환자들에게 종부성사(終傅聖事)를 집전한 신부가 제1병동을 통해 왕래했다는 사실에 기초했다. 신부를 보고 산모들이 놀라서 심신이 약화되는 효과를 일으켰으리라는 생각이었다. 제멜바이스는 이 가설도 시험하기 위해 신부들을 다른 길로 통행하도록 설득하여 산모들이 그들을 보지 못하게 했다. 결과는 마찬가지였다.

마지막으로 한 우연한 사건이 지금까지 나온 가설에 더해져서 또 하나의 가설을 세우는 실마리가 되었다. 병원의 한 동료가 부검을 실습한 의대생의 칼에 손을 베어 상처를 입고 산욕열과 같은 증세를 보인 후 사망한 것이다. 제멜바이스는 사체 해부용 칼에 묻은 '사체와 관련된 물질'(cadaveric matter)이 증세를 초래했고, 의대생들의 손에 묻은 동일한 매개체가 산욕열을 일으켰을 것이라는 가설을 세웠다. 제멜바이스는 이 가설을 시험하기 위해 학생들에게 부검 실습과 산전 진찰 사이에 염소 처리된 석회 용액으로 손을 씻을 것을 요청했다. 산모 사망률은 즉시 1.27퍼센트로 떨어졌다.

이 사례는 경쟁 가설들을 시험하는 과정을 훌륭하게 예시한다. **만약** 어느 가설이 옳다면, **그러면** 그 가설에서 관찰 가능한 다른 결과들이 뒤이어 나타나야 한다. 종부성사를 집전한 신부와 관련된 가설이 옳다면, 신부를 병동에 오지 못하게 하는 것이 사망률을 감소시켜야 한다. 계속 관찰하다 보면 그 가설이 맞는지 틀리는지 확인할 수 있다.

가설적 추론은 과학 작업에 없어서는 안 될 부분이다. 그것은 관찰된 사실에서 그것의 원인(보이는 원인부터 보이지 않는 원인까지 이르는)이 되는 지식까지 우리의 앎을 확장하는 수단이다. 그러나 가설적 추론의 결점은 기하학이나 논리적인 면에서 보이는 정도의 확신을 산출하지는 못한다는 것이다. 당장 설정된 가설보다 자료를 더 잘 설명해 주는 좋은 가설이 없다는 것을 확신하지 못하기 때문이다. 서두에 제시한 예화에서 열린 문과 떨어진 진흙 조각이 아이들 때문이라는 가설이 유일하다는 확신은 없다. 그 대신 도둑이 왔던 것으로 판명될 수도 있다.

3. 신학 추론에서의 가설-연역적 설명

이번 장의 논지는 추론 형식인 가설-연역법을 사용한다는 점에서 신학은 과학과 같다는 것이다. 교회의 교리는 그리스도인의 삶이라는 **사실**들을 설명하기 위한 **이론**으로 이해할 수 있으며, 그리스도인의 삶에서 겪는 사실들이 과학적 사실들의 지위와 다르지 않음을 보이고자 한다.

어느 은사주의 기도 모임에 당신이 과학 연구원으로 참석했다고 가정해 보자. 그곳에서 당신은 많은 현상을 관찰할 수 있다. 가장 놀랍고 충격적인 현상 중 하나는 방언 기도다. (말을 하든 노래를 하든) 알아듣기 힘든 웅얼거림으로 들린다. 가끔 어떤 사람이 방언으로 교훈을 전하면 다른 이는 그것을 통역한다며 설명한다. 하나님에게서 왔다고 주장하는 메시지를 (영어로) 말하기도 하는데, 그들은 그것을 '예언'이라 한다. 그곳에 치유를 위한 기도가 있고, 그 기도가 응답되었다는 주장도 한다.

이런 것들은 그리 흔한 현상이 아니다. 그것은 보통 찬양하거나, 성경을 읽거나, 강론하거나, 기도하는 등 기독교인의 실천(practices) 중에 나타나며, 사람들의 기분과 감정이 뚜렷하게 변화된다. 기쁨을 느끼고 때로 흥분하며 평화가 가득해지는 것이다. 과학 연구원인 당신의 일은 이런 현상을 설명하는 것이다. 만약 당신이 그 모임의 참석자들에게 이런 비범한 현상의 원인을 설명하라고 하면 그들은 성령이 그 원인이라고 답할 것이다. 성령의 은사는 사람들이 방언으로 기도하고 치유하며 예언하게 한다. 그러나 인근 대학에서 온 참관인이 있다면 다른 설명을 내놓을 것이다. 아마 심리적 암시의 결과라고 주장할 지도 모르겠다. 모임에 참석한 사람들은 타인에게 영향받기 쉬운 사람들이고, 그들이 함께 모일 때 느끼는 흥분이 그런 특이한 효과를 불러일으켰을 것이라 주장할 것이다. 치유 현상 역시 심신상관(心身相關, psychosomatic)으로 설명할 것이다.

이 경우도 산욕열 사례처럼 일단의 현상이 있지만 이를 설명하는 몇 개의 경쟁 가설이 생기게 된다. 제멜바이스가 "산욕열의 원인이 종부성사를 집전하는 신부에 의해 유발된 심리적 두려움인가, 아니면 사체에서 비롯된 문제인가?"라고 물었듯이 우리도 물어야 한다. "은사주의 기도 모임에 나타난 비범한 현상들은 심리적 암시인가, 아니면 성령의 활동인가?"

제멜바이스가 사체 가설을 확인하기 위해 심리 가설을 배제하는 방식을 사용했듯이, 기도 모임에 참여자이자 관찰자로 참석한 나는 심리적 가설을 배제했을 때 드러나는 결과를 확인하고자 했다. 우선 참석자들이 모임에 오기 전, 미리 성령께 읽어야 할 성경 본문과 모임을 위해 준비해야 할 바를 지시받았다고 주장하는 것에 주목했다. 그들의 다양한 이야기는 독립적으로 이루어졌으나 모일 때마다 공통된 주제와 교훈이 나타났다. 누군가가 예배를 미리 계획한 듯 아주 조화롭게 보였다. 이것은 집단 흥분과 암시만으로는 설명될 수 없었다. 각자의 판단은 그들이 모임에 오기 전, 집에서 미리 결정되기 때문이다.

나는 또한 명백한 기도 응답에 매우 흥미를 느꼈다. 물론 그 경우에 기도가 없었다면 아픈 사람이 회복되지 않았을 것이라고는 누구도 단정할 수 없다. 또한 기도로 인한 자기 암시가 아니라고 단정할 수도 없다. 그러나 여러 해가 지나면서 기도 응답의 증거는 점점 쌓여서 우연의 일치라든가 암시일 가능성은 점점 희박해 보였다.

기독교 교리가 그리스도인의 **경험**을 설명한다는 점에서 교리는 과학에서의 이론과 같다는 내 생각의 원천은 이런 경험에서 비롯되었다. 성령의 존재와 활동에 관한 주장은 기독교 가르침에서 중요한 부분을 형성한다. 기도 응답과 치유 같은 일들은 경험적으로 확증할 수 있는 기독교 교리의 한 부분일 것이다. 그리스도인의 삶에서 발생하는 일들을 **설명**하려면 성령이라는 가설이 **필요하다**. 이는 마치 제멜바이스가 병원에서 나타난 사망률의 차이를 설명하기 위해 사체와 관련된 문제라는 가설이 필요했던 것과 같다.

이제 신학 또는 교리에 대해 좀 더 일반적으로 말해 보자. 교회에서 전통적으로 가르치는 많은 상호 관련된 주제가 있다. 성령뿐 아니라 삼위일체의 본질, 기독론, 대속, 구원과 죄, 하나님 나라, 창조, 교회, 종말론 등이다. 신학자의 두 가지 과제는 이러한 교리들을 재구성하고, 그 정당성을 숙고하는 것이다. 이 점에서 신학자의 과제는 과학자의 과제와 매우 흡사하다. 과학자는 기존에 수용된 이론적 구조를 변형하거나 개선해서, 그에 따른 경험적 현상들과 관련하여 그 이론적 구조의 정당성을 보이려 한다. 내가 제안하려는 바는, 모든 신학자가 자의식이 강한(self-conscious) 경험주의자가 되어야 한다는 것이 아니다. 그런 신학자들도 있긴 하겠지만, 그보다는 기존의 신학적 결론(교리)들이 다양한 증거에 의해 지지될 수 **있음**을 보이는 신학의 '합리적 재구성'(rational reconstruction)이 가능하다고 제안하는 바다.

단순화된 교리의 예를 하나 살펴보자. 그 예를 통해 교리가 일련의 사실을 설명하도록 개발된 하나의 가설로 이해될 수 있는지, 그리고 그럴 가능성이 합리적으로 지지되는지를 보고자 한다. 기독교 정통 교리에서는 그리스도께서 완전한 사람이자 완전한 하나님이라고 가르친다. 초기 신약 시대 사람들은 예수의 인성에 아무런 의문도 품지 않았다. 당시에는 성육신하신 예수를 아는 사람들이 여전히 생존해 있었다. 그러나 예수의 신성은 **관찰**한다고 해서 알 수 있는 문제가 아니었다. 하나님에 대해서는 관찰 가능한 어떤 특징도 우리가 알 수 없기 때문이다. 예수의 신성은 일종의 이론(초기 그리스도인들이 예수께서 행하신 증거를 기초로 그분에 대해 추론한 어떤 것)이었다.

그리스도의 신성에 대해 나는 적어도 두 종류의 증거가 있다고 본다. 달리 말하자면, 예수의 신성 이론에 대한 두 종류의 경험적 사실이다. 첫째는 절대적 주님으로서 그분을 향한 교회의 경배와 복종이고, 둘째는 스스로에 관한 예수 자신의 주장이다.

신약 성경은 기독교 역사 초기부터 예수에 대한 경배가 시작되었음을 시사한다. 예를 들어 학자들은 빌립보서 2장 5-11절이 바울 시대 이전 찬송시(pre-Pauline hymn)라고 생각한다. 그렇다면 이것은 빌립보서 편지가 기록되기 전부터 예수께서 그리스도인들에게 경배를 받으시기에 합당하다는 주장이 받아들여졌음을 보여 준다. 찬송시인 빌립보서 2장 10, 11절은 "하늘에 있는 자들과 땅에 있는 자들과 땅 아래에 있는 자들로 모든 무릎을 예수의 이름에 꿇게 하시고 모든 입으로 예수 그리스도를 주라 시인하여 하나님 아버지께 영광을 돌리게 하셨느니라"라고 선언한다.

그러나 교회에서 예수를 특별하게 하나님으로 언급한 것은 **그 이후**다. 예를 들어, 디도서 2장 13절에 "복스러운 소망과 우리의 크신 하나님 구주 예수 그리스도의 영광이 나타나심을 기다리게 하셨으니"라고 기록되어 있다. 유대의 유일신 배경 아래에서 그리스도를 경배하는 행위는 특별한 **설명**을 요구한다. 여기서 우리는 예수를 하나님과 동일시한 것 말고는 다른 적절한 설명을 생각하기 어렵다.

그분의 도덕적 가르침 또한 권위 있는 것으로 받아들여졌다는 사실이 예수의 신성에 대한 증거가 될 수 있다. 예수께서는 자신을 따르는 사람들에게 제자로서의 궁극적 복종을 요구하셨고, 공동체는 자신들 위에 그리스도께서 정당한(legitimate) 주님임을 인정하였다. 윤리 문제에서 예수의 말씀을 최종 권위가 있는 말씀으로 채택한 초기 그리스도인 공동체의 행위도 이스라엘의 주 야웨와 자신들의 주 예수를 동일시했다는 사실을 포함한다.

예수의 신성에 관해 내가 증거로 삼는 두 번째 범주는 예수 자신의 주장과 행동이다. 예수께서 자신을 하나님으로 언급하신 적이 있는지는 의문스럽다. 그러나 그분이 하나님이 아니라면 복음서에 묘사된 그분의 말씀과 행동은 터무니없어 보인다. 그분이 발언하신 많은 부분은 동시대 사람들이 보기에 명백히 신성 모독적이었다. 예를 들어 보자.

첫째, 예수께서는 하나님을 "아바"(Abba)라 부르셨다. 어떤 이는 이를 "하나님 아빠"(Daddy 또는 Papa)라 부른 것과 같다고 말한다(예를 들어,

막 14:36).

둘째, 예수께서는 자신을 하나님의 법 위에 두었다. 그분은 이렇게 말씀하셨다. "옛 사람에게 말한 바 살인하지 말라 누구든지 살인하면 심판을 받게 되리라 하였다는 것을 너희가 들었으나 나는 너희에게 이르노니 형제에게 노하는 자마다 심판을 받게 되고……"(마 5:21, 22).

셋째, 예수께서는 자신에 대한 반응에 따라 모든 사람이 심판을 받을 것이라 주장하셨다. "내가 또한 너희에게 말하노니 누구든지 사람 앞에서 나를 시인하면 인자도 하나님의 사자들 앞에서 그를 시인할 것이요"(눅 12:8; 마 25:31-46 참조).

신성 모독이라는 죄명으로 예수께서 사형을 선고받고 그것으로 끝났다면, 우리는 그분의 복음을 고발한 자들에게 동의할 수 있을 것이다. 그러나 초창기 그리스도인들은 하나님이 예수를 옹호하셨다는 증거인 부활을 목격하였다. 예수께서 신성 모독의 책임에서 면제되시려면 실제로 하나님과 동등함을 갖는 것 말고 다른 어떤 방도가 있겠는가? 이런 견해가 로마서 1장 4절에 집약되어 있다. 바울은 예수께서 "성결의 영으로는 죽은 자들 가운데서 부활하여 능력으로 하나님의 아들로 선포되셨으니 곧 우리 주 예수 그리스도시니라"라고 말한다.

종합하자면, 그분의 기이한 행적과 부활, 그분을 따르는 자들의 복종과 그분을 향한 경배에 이르기까지 이 모든 사실을 어떤 **이론**이 옳게 설명할 수 있겠는가? 이 모든 사실에서 도출되는 하나의 가설은 그분의 신성이다. 여기서 우리는 과학에서 실행되는 것과 같은 종류의 전개 과정을 본다. 우리가 알고 있는 사실(예수의 행동, 초기 교회의 관례들)

에서 관찰할 수 없는 어떤 사건의 진술(이 경우에, 예수의 신성)에 관한 가설을 추론해 내는 것이다. 증거가 축적되고 경쟁 가설들이 배제되면서, 보이지 않는 실재에 관한 지식을 갖게 되었다고 합법적으로 말할 수 있는 지점까지 이른 것이다.

내가 지금까지 말한 바에 대해 틀림없이 몇 가지 반대가 있을 것이다. 첫 번째, 과학 지식은 확실한 지식이 아니라는 것이다. 미래에 새로운 변화와 발전이 나타날 것을 경계해야 한다. 그리스도의 신성이나 성령의 존재와 같은 신학적 주장을 가설이나 이론으로 언급한 것 역시 그러한 주장들이 아직 불확실하고 발전될 여지가 있음을 뜻한다. 이런 주장을 하면 반대자들은 이단처럼 들린다고 반박할 것이다.

그에 대한 내 대답은 다음과 같다. 과학에서는 결코 절대적 확실성을 주장하지 않지만, 그 확신의 정도는 다양하다. 미래에 중력의 법칙이 뒤집히리라 믿는 사람은 실제로 아무도 없다. 그러나 과학 안에는 중력 법칙 말고도 극도로 추상적이고 추측에 근거한 이론도 있다. 예를 들어, 빅뱅으로 거슬러 올라갈수록 시간은 방향성을 상실하기 때문에 우주에 시작점이 없다는 스티븐 호킹(Stephen Hawking)의 이론이 그러하다. 신학자들도 기독교의 가르침에 그와 같은 다양성이 있음을 인정한다. 하나님과 예수와 구원에 관한 기본 원리들이 폐기 처분된다는 것은 상상조차 어렵다. 그러나 삼위의 위격의 관계에 대해서는 다양한 설명이 있고, 하나님은 영원한 분인지, 아니면 시간을 초월한 분인지에 관한 문제를 놓고 논쟁을 벌이기도 한다('영원'[eternal]은 시작과 끝이 없이 계속 이어지는 것이고, '시간 초월'[timeless]은 과거, 현재, 미래를 동시에 경험하는 것이다_옮긴이).

앞서 제시한 사례에서 그리스도의 신성 이론은 예수의 행동과 초기 교회의 관례라는 두 가지 자료에 의존한다고 제안했다. 교회의 도덕적 삶과 그리스도를 향한 경배는 모두 교회의 **실천**(practice) 형태이고, 예수의 말씀과 부활은 모두 **역사적 사건**(historical event)이다.

내 주장에 대한 두 번째 반대 의견은 사실들에 대한 이러한 자료 범주 모두 과학적 신학의 출발점을 제공하지 못한다는 것이다. 결국, 우리는 '주어진 것'(the given), 즉 자료를 찾고 있다. 근대 시기를 겪으면서 부활에 관한 강렬한 논쟁이 있었다. 어떤 이는 부활이 결코 역사적 사건이 될 수 없다고 주장하고, 어떤 이는 부활이 실제 발생했는지를 알 수 없다고 말했다.[6] 또한 예수의 말씀이 그분의 실제 가르침인지, 아니면 초기 교회의 언설을 마치 예수의 가르침으로 변조한 것인지를 놓고 둘을 구분하기 위해 학자들 간에 논쟁이 계속되고 있다.[7] 내가 증거로 제시한 역사적 사실 중 그 어느 것도 단순하게 주어진 것이 아니라는 말이다.

교회의 관례도 단순히 주어진 것이 아니라 더 나아가 다른 의미가 있다. 그것은 주어졌다기보다 만들어진 것이다. 그렇다면 어떻게 그런 관례들이 신학을 위한 자료로 중요성을 가질 수 있는지를 묻는 이들이 있다. 그런 것들은 임의적이지 않은가? 어떻게 그런 것들이 **하나님에 관한** 것을 말해 줄 수 있는가?

이 두 종류의 자료를 거부하는 태도에 대해서는 과학 데이터를 이해하고 다루는 가장 최근 방식으로 답할 수 있다. 과학 철학자들은 과학 데이터 또한 선택과 해석은 물론, 상당한 이론적 요소를 적재한 복잡한 절차의 산물이라는 점을 인식하고 있다. 이 경우, 어원학적으로는 **데이터**(datum)보다 **사실**(fact)이라는 용어가 더 적절하다. '사실'이라는 용어에는 경험적으로 단순히 **주어졌다**기보다는 어떤 의미에서 (위조는 아니지만) **가공되었다**는 암시가 기저에 깔려 있기 때문이다.

예를 들어, 코페르니쿠스의 행성 운동 이론에 관한 논쟁에서 망원경이라는 새로운 기구를 통해 나타난 모양이 천문학 데이터로 신빙성 있는지를 설명하려면 광학 이론을 적용해야 한다. 이런 데이터들이 새로운 장비로 만들어진 착각이 아님을 어떻게 알 수 있는가? 더 친숙한 예를 들어 보자. 온도 계측이 사실을 나타내는 아주 쉬운 사례일 것이다. 그러나 온도계의 구성을 알기 위해서는 열 전달과 팽창 이론 등과 같은 상당한 양의 관련 이론이 필요하다. 온도계의 측정값을 어떻게 신뢰할 수 있는지를 설명하는 데도 마찬가지다. 과학에서는 이런 이론들을 '계기에 의한 계측 이론'(theories of instrumentation)이라 부른다.

마찬가지로 예수의 삶과 교회 초기의 중대 사안들은 이론이라는 수단으로 오늘날의 신학자들에 의해 재구성될 수 있을 뿐이다. 성서는 최초의 원천이므로, 성서에 관련된 이론은 대부분 과학에서의 계측 이론이라기보다 **해석**(interpretation) 이론이다. 본문에서 해석까지 이르는 추론 과정은 해석에서 신학까지 이르는 추론 과정만큼 복잡하다. 그런 점에서 신학자들이 사용하는 데이터는 성서학자들의 이론일 수 있다. 그렇지만 이런 복잡성은 과학에서 발생하는 상황과 정확하게 평행선을 달린다.

신학을 위한 데이터로 교회 관례를 사용하는 것에 대해 앞서 언급한 반대 의견을 상기해 보자. 교회 관례들은 임의적인 것처럼 보이고, 하나님에 관해 어떤 것을 말해 줄 수 있는지도 분명치 않아 보인다. 이것 역시 천문학의 경우와 유사하다. 낯설고 새로운 렌즈를 통해 관찰한 외관이 천체의 성질에 관한 정보를 제공한다고 어떻게 믿을 수 있는지를 설명하려면 **이론**이 필요하다. 나는 이처럼 필요한 신학적 가설을 '기독교적 분별 이론'(the theory of Christian discernment)이라 부른다. 이 신학적 이론은 기독교 공동체가 교회의 관례와 가르침, 그리고 예언이 예수 그리스도의 영에서 온 것인지 아닌지를 성령의 존재에 힘입어 분별할 수 있다고 확언한다. 그리스도인은 이러한 판단을 검증하기 위한 **공통의 기준**(public criteria)과 더불어 그것이 하나님에게서 비롯된 것인지 아닌지에 관한 **내적 증거**(inner witness)를 소유한다. 신약 성경에서는 이것을 '영 시험하기' 혹은 '영 분별'이라고 말하기도 한다.

최근 여러 해 동안 분별 이론은 제대로 주목받지 못했지만, 기독교계에 여전히 남아 있다. 16세기 아나뱁티스트뿐 아니라 오늘날의 아나뱁티스트 후예 중 일부는 공동체적 판단에 큰 역점을 두고 있다. 그들의 판단 기준은 공동체의 의견 일치와 성서와의 일관성인데, 이는 성령이 가르치시는 바와 지향하시는 방향성은 자기 모순적일 수 없다는 가정 때문이다.

분별과 관련하여 가장 주목할 만한 신학적 연구는 18세기 칼뱅주의자인 조나단 에드워즈(Jonathan Edwards)에 의해 이루어졌다. 에드워즈는 성령 하나님이 활동하시는 표지를 광범위하게 조사하였다. 그는

진정으로 회심한 사람들의 인격에 나타난 변화, 특히 성령의 열매로 나타나는 징후를 강조하였다.[8]

에드워즈는 성령의 열매 중, 특히 사랑이 왜 하나님의 활동에 대한 판단 기준이 되어야 하는지를 설명하는 데 역점을 두었다. 요약하면, 성령은 하나님의 영이시고, 하나님의 본성은 사랑이다. 따라서 회심자의 삶에서 성령을 통해 나타난 사랑은 하나님의 임재와 활동에 대한 증거가 된다. 이와 같이 기독교적 분별 기준은 하나님에 관한 기독교 교리의 결과다.

앞서 언급한 반대 의견으로 다시 돌아가 보자. 교회 관례가 정말로 임의적일 수도 있으나, 그렇지는 않았다. 그런 관례들이 신적인지 아닌지 알기 위해 교회는 영들을 검증하는 책임을 떠맡아 왔다. 인정하건대 그런 잘못된 판단이 내려졌을 때, 교회와 신학자들은 인간 역사 속에 나타난 하나님의 말씀과 행위라는 기억에 기초하여 하나님에 관해 점증하는 지식을 갖게 되었다. 실험 결과가 과학자에게 이바지하듯이, 성서에 기록되고 교회의 기억 속에 축적된 이러한 말씀과 행위들이 신학자들에게도 동일하게 기여한다.

4. 객관 대 주관

과학을 신학 또는 종교와 대척점에 놓고 대조하는 것은 우리 문화에서 흔한 일이다. 사람들은 과학을 사실에 근거하고, 그 결과를 입증할 수 있는 객관적 분야라 일컫는다. 반면, 종교적 신념은 단지 '신념'이다.

개인적 가치에 의존하는 주관적인 분야로 여기는 것이다. 그러나 신학적 주장도 과학 이론과 같은 합리적인 엄밀성에 맞설 수 있는 정도라는 것이 내 주장이다.

그동안 우리는 과학을 보는 견해에 어떤 변화가 생겼음을 목격해 왔다. 과학 이론은 증명 가능하다는 믿음은 근대 과학 초창기에 해당할 뿐이다. **증명**(proof)이라는 확고한 용어는 논리학이나 수학과 같은 형식 체계의 경계 안에서만 인정된다. 지금의 과학 이론은 다양한 정도의 (증명이 아닌) **확증**(confirmation)을 허용한다.

지난 세대에 과학 철학과 과학 사회학(the sociology of science)이 발전하면서 실제로는 과학이 많은 사람이 생각하는 것보다 신학에 더 가깝다는 점을 분명히 하였다. 토머스 쿤(Thomas Kuhn)은 중세 아리스토텔레스 물리학부터 아이작 뉴턴(Isaac Newton)의 연구로 대표되는 근대 물리학으로의 변화, 그리고 뉴턴의 물리학부터 상대성 이론까지의 변화, 즉 과학에서 일어난 혁명적 변화들을 조사하였다.[9]

쿤은 이러한 각각의 과학적 '패러다임'을 이끄는 권위적 교과서들의 역할을 강조하는데, 이들의 역할은 어느 정도 성서와 비슷하다. 쿤은 드문드문 일어나는 혁명기 동안 자기 분야의 '기본 원리'(the basics)에 의문을 던진 과학자 집단의 중요성을 강조하는데, 이는 또한 간간이 종교 개혁이 일어난 교회의 역사와 비슷하다. 그는 또 이론적 이해가 과학자의 경험을 형성하는 방식과 과학 활동에 참여하기 위해 과학 전통 안에서 훈련받아야 하는 방식에 대해 강조하는데, 이는 그리스도인이 되는 과정과 조금 유사하다.

따라서 신학과 자연 과학 사이에 중요한 차이가 있음은 확실하지만(신학보다 물리학과 화학에서 명쾌한 결과물을 얻기가 훨씬 쉽다), 그 차이는 많은 사람이 생각하듯 그리 선명하지 않다. 신학과 과학은 공히 세상을 이해하기 위해 인간이 탐색한 결과다. 둘 다 나름대로 자신에게 충실해야 할 현상(데이터)이 있다. 두 경우 모두 엄격한 사고가 요구된다. 둘 모두 오류가 있고 역사적으로 조건화된 특징이 있음을 기억해야 한다. 그 둘은 참된 지식을 공급하지만, 그럼에도 그 지식은 **인간적**인 지식이다.

5. 요약

이제 요약할 차례다. 1장에서 나는 신학을 과학의 분기 계층(branching hierarchy)에 연결하기 위해 하나의 모델을 제안하였다. 하나님과 전 우주 사이의 관계를 연구한다는 점에서 신학은 모든 과학을 가장 포괄적으로 아우른다고 주장하면서 신학을 계층 모델 최상부에 두었다.

이번 장의 목표는 다른 과학과 관련시키는 것이 정당화될 만큼 충분히 신학이 과학과 유사하다는 점을 밝히는 것이었다. 그러기 위해 과학자들이 사용하는 추론 종류인 가설-연역적 추론을 검토하였고, 신학자들도 정확하게 그와 동일한 방법을 사용한다는 점을 보이고자 했다. 나는 신학자들이 수중에 넣고 마음대로 사용할 수 있는 종류의 사실들에 좀 더 주의를 기울였다. 여기에는 그리스도인의 경험, 교회 관례, 역사적 사건들(그중 많은 것이 성경에 기록되어 있다)이 포함되어 있다.

어떤 이들은 이런 종류의 데이터 사용에 이의를 제기하리라는 사실에 나는 주목하였다. 물론 이런 데이터는 확실히 물리학자들이 사용하는 종류의 데이터는 아니다. 그러나 한편으로 보면 생물학에 사용되는 데이터와 물리학에 사용되는 데이터가 서로 같지 않듯, 사회학자와 심리학자도 우주론자와는 다른 종류의 데이터를 사용한다. 각 과학 분야는 저마다 고유한 데이터를 갖는 것이다.

과학 철학자들이 데이터에 관해 최근에 인지한 흥미로운 사실이 있는데, 바로 계층 모델 각 단계에 있는 과학의 이론적 구조가 각자 자신의 데이터 사용에 대한 정당성을 제공한다는 점이다. 과학에서 우리는 이것을 계기에 의한 계측 이론이라 부른다. 신학자들에게도 성서 내용을 왜 데이터로 간주하는지를 설명해 주는 (계시나 영감 같은) 중대한 이론이 있다. 이런 점에서 분별 이론을 언급하였는데, 이 이론은 교회 구성원이 함께 기도하면서 내린 판단을 단순히 교회에 관한 것뿐 아니라 하나님의 뜻에 관해서 우리에게 무언가를 말하는 것으로 기대해야 할 이유를 설명해 준다.

다음 장에서 나는 우주 상수의 미세 조정이 창조 교리에 대한 증거를 제공함을 주장하고자 한다. 자연 과학이 이웃 과학들에 지지를 얻듯이 신학 또한 계층 모델 아래에 놓인 과학들에서 지지를 끌어낸다는 점을 명심해야 한다. 마지막 장에 가서 아래 계층에 있는 이론 중 일부는 신학이 그 오류를 정정할 수 있도록 도우며, 또 마땅히 그렇게 해야만 한다는 대담한 주장을 펼칠 것이다.

3장
우주의 미세 조정과 설계

∞

주님께서 손수 만드신 저 큰 하늘과 주님께서 친히 달아 놓으신 저 달과 별들을 내가 봅니다. 사람이 무엇이기에 주님께서 이렇게까지 생각하여 주시며, 사람의 아들이 무엇이기에 주님께서 이렇게까지 돌보아 주십니까?(시 8:3, 4, 새번역)

하늘을 창조하신 주, 땅을 창조하시고 조성하신 하나님, 땅을 견고하게 하신 분이 말씀하신다. 그분은 땅을 혼돈 상태로 창조하신 것이 아니라, 사람이 살 수 있게 만드신 분이다. "나는 주다. 나 밖에 다른 신은 없다"(사 45:18, 새번역).

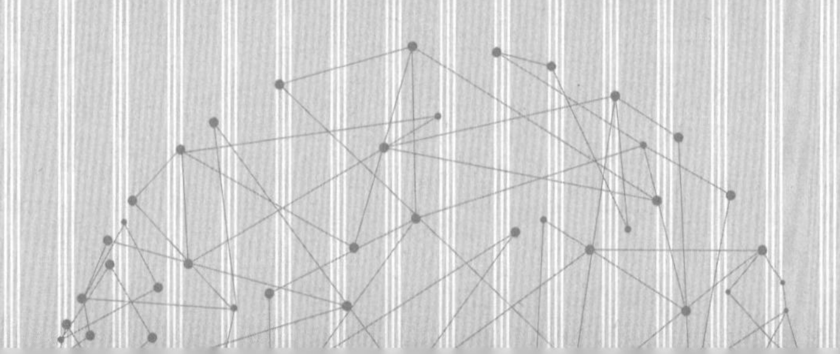

1. 신적 활동_ 중대한 쟁점

세계에서 가장 오래된 천문 기관 중 하나를 바티칸에서 세웠다고 말하면 독자들은 놀랄 것이다. 거의 100년 된 바티칸 천문대는 로마시 외곽 산비탈에 있는 교황의 여름 별장 안에 세워져 있다. 몇 년 전 교황 요한 바오로 2세는 바티칸 천문대의 연구 프로그램으로 신학과 과학의 관계를 조사해 달라고 요청하였다. 나는 운 좋게도 그 연구에 참여할 기회를 누렸다.

내가 속한 그룹은 바티칸 천문대 주최로 학회를 기획하는 일을 맡았다. 주제는 "최근 과학 발전의 관점으로 본 세계 안에서의 하나님의 활동"이었다. 이 주제를 선택한 데는 몇 가지 이유가 있었다. 첫째, "세상 속 하나님의 활동은 실제적인가? 그리고 그 활동은 인식되는가?"라는 문제로 과학과 기독교 사이에는 숱한 갈등이 있었다. 예를 들어, 북미 창조론자들 논쟁은 기본적으로 하나님이 **어떻게** 세상을 창조하시는가에 관한 것이다.

둘째, 하나님의 활동에 관한 다른 여러 견해는 신학적 자유주의와 보수주의를 가르는 차이와 상당한 관련이 있다.[1]

마지막으로, 세상 속 하나님의 활동이라는 주제는 근대 과학이 근대 신학에 가장 큰 영향을 끼친 중요한 사항이다. 간단히 말해서, "우주에 있는 물질의 모든 운동을 뉴턴 법칙으로 완전히 설명할 수 있다면, (보이지 않는 비물질적 존재로서_ 옮긴이) 하나님이 하실 일은 무엇이 남는가?"라는 질문이 대두되었다.

그러나 뉴턴 시대 이후 과학은 극적으로 변했다. 그리고 그 변화들이 신학적이고 철학적으로 중요한 쟁점에 어떤 차이를 만드는지를 조사할 적절한 시점이 되었다.

우리는 다섯 차례의 학술 대회를 제안하였는데, 학회마다 현대 과학의 다른 일면을 다루었다. 첫 번째는 양자 우주론과 우주의 미세 조정(문맥에 따라 '정교한 조율'이라고도 번역하지만, 학계의 번역 관행을 따라 '미세 조정'이라고 하였다_ 옮긴이)이라 불리는 것이었다. 두 번째는 카오스 이론이라는 새로운 과학이었고, 세 번째는 생물학적 진화에 초점을 맞추었다.[2] 향후 신경 과학과 양자론을 추가할 계획이다.

이번 장에서는 첫 번째 주제인 우주 상수의 미세 조정을 논의한다. 미세 조정이란 "우주는 인간이 곧 출현할 것을 알고 있기나 한 것처럼 보인다"는 어느 천문학자의 생각과 같은 것을 말한다. 과학자들이 기독교에 대해 사전에 어떤 관심이 없더라도, 우주론의 여러 결과를 보면 이사야서 말씀처럼 우주가 우리 같은 존재들이 "살 수 있게"(45:18, 새번역) 특별히 설계되었다는 가설을 숙고하게 만든다.

2. 우주론의 미세 조정

나는 현대의 과학적 우주론에 관한 배경에서 시작하고자 한다. 우주의 현 상태는 100억-200억 년 전 빅뱅이라 불리는 초기 사건을 상정하면 가장 잘 설명된다. '빅뱅'이라는 말에서 알 수 있듯, 이것은 거대한 폭발과 같았다. 우주는 그 이후 계속 팽창해 왔다. 경악할 속도로 모든 방향으로 날아 흩어지고 있다. 또한 팽창과 함께 계속 식어 가고 있다.

가장 최초의 상태에서 우주의 '원재료'(stuff)는 아직 물질과 에너지로 분화되기 전이었다. 그 후에 가장 가벼운 기체 원자들이 형성되었다. 10억-50억 년 사이에 기체로 이루어진 성운(星雲)들에서 응결된 별이 우주의 역사 안으로 진입하였다. 별 내부의 열과 압력으로 인해 탄소처럼 더 무거운 원소들이 '만들어질'(cooking) 수 있었다. 별의 발달 단계 중 어느 시점에서 별들은 폭발하고, 이런 방식으로 더 무거운 원소가 전 우주에 분포되었다. 이러한 중원소(重元素)들은 행성, 궁극적으로는 생명체가 될 물질을 제공하는 데 필요하다.

생물이 거주하는 우주가 만들어지려면, 초기 우주 역사의 많은 요소가 이상하리만치 정교한 방식으로 조정되어야 함을 여러 계산은 보여 준다. 그중 한 가지 요소가 우주의 질량(우주 안에 있는 물질의 총량)이다. 이 외에도 우주에는 중력, 전자기력, 강한 핵력, 약한 핵력이라는 네 가지 기본 힘이 있다.

네 가지 힘 가운데 두 가지는 일상생활에서도 친숙하다. 바로 중력과 전자기력이다. 전자기력은 전동기의 기초라는 면에서 현대인의 삶에 엄청난 영향을 끼쳤다. 물론 인간이 전자기력을 동력원으로 활용하는 법을 배우기 오래전부터 이 힘은 우주에서 큰 역할을 담당하였다. 전자기력은 원자 구조를 형성하고 화학 반응을 일으키는 힘이다. 강한 핵력과 약한 핵력은 용어가 암시하듯이 원자들의 핵 안에서 활동한다. 사실 우리는 핵에너지와 핵폭탄을 통해 그 힘에 대해 알게 되었다. 이 네 가지 힘 외에 다른 중요한 숫자들이 있는데, 여러 아원자 입자 서로

간의 **질량**(masses)과 **전하**(charges)의 비율이다.

이 숫자 중 어느 하나라도 지금과 다르다면, 아니 아주 조금이라도 달랐다면 우주라는 곳에서는 어떤 종류의 지적 생명체도 생존할 수 없었을 것이다. 생명은 충분히 오랜 기간을 가진 우주가 필요하다. 생명이 발생하려면 태초에 우주를 구성한 가스들보다 더 무거운 원소가 있어야 한다. 또 별과 행성이 있어야 한다. 그렇지 않다면 곳곳의 암초에 걸려 생명의 발생은 무수한 방식으로 요원해져서 이사야의 말대로 "혼돈 상태"(45:18, 새번역)가 되었을 것이다.

다음은 미세 조정이 필요한 몇 가지 사례를 소개한다. 우주에서 물질의 농도는 매우 결정적인 요소다. 빅뱅 이후, 우주는 여전히 확장되고 있으며, 중력의 인력(gravitational attraction)은 물체의 **질량**에 의존한다. 우주의 총 질량이 지금보다 훨씬 컸다면, 중력의 인력은 초기 폭발에서 생긴 팽창하는 힘을 아주 쉽게 압도해 버렸을 것이다. 이것은 우주의 팽창이 처음에 느려지다가 역전됨을 의미한다. 종국에는 전 우주가 붕괴하여 하나의 작은 점으로 응축될 것이다. 별과 행성과 생명이 만들어질 기회를 얻기도 전의 상황을 과학자들은 '빅 크런치'(Big Crunch)라 부른다. 물론, 질량 말고 중력 자체의 힘이 지금보다 커도 결과는 마찬가지였을 것이다.

반면, 질량이 지금보다 작다면 어떻게 되었을까? 우주는 그저 멀리 흩어지면서, 매우 빨리 식어 버렸을 것이다. 기체가 충분히 응축되어야만 생명이 발생할 기회를 제공하는 별들과 행성이 형성된다.

탄소는 생명에 필요한 기본 원소 중 하나다. 별 내부에 탄소가 형성되고 우주 곳곳에 탄소가 분포하기 위한 필요조건을 갖추려면 많은 것이 선행되어야 한다. 강한 핵력이 지금보다 1퍼센트 더 약하거나 강했다면, 별이라는 찜통 안에서 탄소는 형성되지 못했으리라는 것을 알 수 있다. 실제로 원자량 4 이상의 원소들이 존재하기 위한 조건을 계산해 보면, 강한 핵력은 실제 핵력의 0.8배와 1.2배 사이에 있어야만 한다.

태양이 한순간에 터지는 폭탄처럼 폭발하는 것이 아니라 수십억 년에 걸쳐 서서히 타오르게 한 것은 약한 핵력의 아주 약한 힘 때문이다. 이 힘이 눈에 띄게 강했다면, 태양과 같은 종류의 별은 존재할 수 없었을 것이다. 그러나 지금보다 더 약했다면 우주는 온통 헬륨 가스로 가득했을 것이다.

끝으로 전자기력이 더 강했다면, 별들은 절대 폭발하지 않았을 것이고, 생명을 이루는 데 필요한 중원소들을 얻지 못했을 것이다.

여기에 놀랄 만한 숫자들이 있다. 중력에 대한 전자기력의 비율은 아주 중요하다. 두 힘 중 하나에 변화가 생겨, 10의 40제곱(말하자면 지수로서 10 뒤에 0이 40개다) 분의 1만큼이라도 그 비율이 틀리면, 태양과 같은 별은 대재앙을 맞이할 것이다. 전자와 양성자는 같은 전하량을 띤 반대 전하다. 만약 그 전하량의 차이가 100억 분의 1 이상만 되어도 우주 안의 거시적 대상들(macroscopic objects)은 존재할 수 없을 것이다. 즉, 대략 1그램 이상 나가는 어떤 고체 물질도 존재할 수 없게 된다.

중력과 약한 핵력 사이의 비율도 우주의 신속한 붕괴나 폭발을 막으려면 10의 100제곱 분의 1의 정확도로 조정되어야 한다.

우주론자들은 1950년대부터 이런 이상한 우연의 일치를 주목하기 시작하였다. 페이지마다 그런 내용으로 가득한 책이 최근에 몇 권 등장하였다.[3] 우리는 이런 결과를 어떻게 생각해야 할까?

3. 하나의 신학적 설명?

1장에서 나는 옛 실증주의적 개념에 따른 과학과 신학의 관계를 새롭게 이해하기 위해 과학의 계층에 관한 한 모델을 제시하였다. 이 모델에 따르면, 과학은 각 분야가 다루는 체계의 복잡성과 포괄성에 따른 순서대로 조직화할 수 있다. (복잡성 대 포괄성이라는) 이런 모호함 때문에 나는 분기 계층을 제안하였고, 생물학 위의 한쪽 가지에는 자연 과학이, 다른 쪽 가지에는 인문 과학이 분기되도록 하였다.

물리 법칙이 모든 것을 결정한다는 환원적 견해에 나는 반대한다. 그 대신 나는 비환원적 물리주의(nonreductive physicalism)라 불리는 견해를 제안하였다. 이 견해는 각 과학이 연구하는 존재들(entities)이 동일한 **실재**라고 생각한다. 예를 들어, 책상은 전자(electrons)처럼 **실재**한다. 사회 구조도 개인처럼 동일하게 **실재**한다. 이 견해는 또한 하향식 설명을 인정한다. 즉, 상위 층위에 있는 실재들에 위탁하여 대답해야 할 질문이 하위 층위의 과학에서 제기된다. 이런 질문들을 나는 '경계성 질문'이라고 지칭하였다.

이른바 우주 상수의 미세 조정이 바로 그런 질문일 것이다. 지금 말할 수 있는 바는, 과학적 우주론은 이런 현상, 즉 명백히 우연의 조합에 관해 **기술할**(describe) 수는 있지만, 그 이상을 **설명할** 수는 없다는 것이다. 여기에는 다른 종류 혹은 다른 수준의 설명이 필요하다. 기독교적 관점으로 바라본 이상적 설명은 당연히 하나님의 창조다. 1장에서 계층 모델 최상부에 신학을 두어야 한다는 내 제안을 받아들인다면, 그런 질문에 대해 신학적 설명으로 나아가는 것은 타당하다.

3.1 **하나님의 존재에 대한 증거?**

미세 조정이 하나님의 존재를 **증명**하리라 기대해서는 안 된다는 점을 먼저 강조해야겠다. 그보다는 미세 조정이 전통적인 신의 존재를 설명하는 방식에 무게감을 더한다고 보면 좋겠다. 다시 말해 미세 조정은 하나님의 존재와 그분의 창조 역할에 중요한 **확증**을 더해 준다.

미세 조정이 어떻게 하나님의 우주 창조에 대한 증거를 제공하느냐는 질문에 앞서 과학에서 증거가 어떻게 작동하는지를 검토해 보자. 과학 추론이 기하학처럼 주로 연역적인지, 아니면 관찰로부터 단순히 귀납적 일반화를 도출하는 것인지에 대해 과학 역사 안에서 오랜 논의가 있었다는 점을 떠올려 보길 바란다.

최근 과학 철학에서 이루어진 중요한 진전은 일명 가설-연역적 추론에 대한 인식이다. 과학 이론은 단순히 주어진 사실에서 귀납적인 일반화를 도출하지도, 제일 원리로부터 연역적 결과를 끌어내지도 않는다는 점에 이제 과학 철학자들은 동의한다. 과학 이론은 일차적으로 자유로운 상상을 하는 데서 시작한다. 그것을 '가설'이라고 말한다. 그런 다음 그 가설에서 과학적 사실이 연역적으로 뒤따른다는 점을 보여주면, 그 가설은 검증된다.

가설-연역적 추론이 안고 있는 문제는 일련의 데이터를 설명하기 위해 하나의 가설, 그 이상을 만들 수 있다는 점이다. 아무리 확증된 이론이라 할지라도 과학 이론이 수학이나 논리학 수준의 확실성에 도달하지 못하는 것은 바로 그런 이유 때문이다.

과학에서 이런 요소를 명심하는 것은 중요하다. 과학 이론은 젊은 아인슈타인이 나타나 새롭고 더 나은 대안을 제시할 위험에 항상 직면하기 때문이다. 경험적 증거에 의존하여 하나님의 존재를 논의할 때에도 이 점을 기억하는 것이 중요하다.

3.2 윌리엄 페일리의 설계 논쟁

가장 유명한 논증은 19세기 초, 윌리엄 페일리(William Paley)의 논증이다.[4] 황야를 걷다가 돌 하나를 발견했을 때 그 돌이 어떻게 그곳에 있게 되었는지 질문을 받는다면, 그는 이렇게 대답하겠다고 말했다.

> 아무리 생각해 봐도, 돌은 오래전부터 그곳에 놓여 있었다. 이 대답이 불합리하다는 점을 입증하기란 그리 쉽지 않을 것이다. 그러나 땅에 떨어져 있는 어떤 시계를 발견했다고 가정해 보자. 시계가 어떻게 그곳에 있느냐고 누가 질문한다면, 바로 전에 내가 한 대답, 즉 잘 모르겠지만, 아마 오래전부터 시계는 항상 그곳에 있었을 것이라는 대답은 결코 생각할 수 없다. 돌에는 적합했을 이 대답이 대체 왜 시계에는 해당하지 않는가?

페일리는 대답하였다. "다름 아닌 다음과 같은 이유 때문이다. 시계를 찬찬히 살펴보면, 시계 부품들은 일정한 형태에 따라 만들어져서 하나의 목적을 위해 다시 결합한다는 것(돌에는 그런 점을 발견할 수 없다)을 알 수 있다."[5]

페일리는 우주도 하나의 시계와 같다고 주장하였다. 그는 해부학으로 주의를 돌린다. 각 기능을 수행하는 데 완벽하게 적응한 몸의 각 부분이 좋은 증거다. 우주에는 분명히 신적 지성이 있을 것이고, 인간이 기쁨을 누릴 역량을 가지고 창조된 사실에서 그 신적 지성의 선이 드러난다는 것이 그의 결론이다. 그렇게 지적이며 자애로운 창조자가 피조물에 그 자신을 나타내는 것은 당연한 일이다.

우리는 페일리의 논증을 가설-연역적으로 해석할 수 있다. 설명해야 할 사실이나 관찰은 세상에 있는 질서다. 특히 목적에 부합하는 생물학적 유기체들의 괄목할 만한 적합도와, 환경에 대한 적합도에 대해서다. 그것이 참일 경우, 이 모든 것을 다른 이론이나 가설이 설명할 수 있을까? 페일리는 지적이고 자애로운 창조자라는 가설만이 이를 설명한다고 보았다.

일부 그리스도인이 다윈의 진화론을 거부하는 한 가지 이유는 다윈의 진화론이 이런 인기 있는 변증을 무용지물로 만들어 버렸기 때문이다. 사실상, 다윈은 생물학적 적응을 설명하는 다른 **경쟁 가설**(competing hypothesis)을 제안하였다. 즉, '자연 선택을 동반한 무작위적 변이의 조합'이라는 가설이다.

그러나 다윈 이전에, 그리고 페일리가 책을 출간하기 바로 **전에** 철학자 데이비드 흄(David Hume)이 페일리식 논증의 취약성을 지적하였다. 즉, 대안 가설이 존재할 수 있다는 것이다. 먼저, 우주는 상당히 질서적이지만 그 안에는 무질서나 악도 있다. 그렇다면 절대적으로 선하신 한 분 하나님이 그런 우주를 창조했다고 말할 수 있는가? 그 대신, 아마도 어리거나 매우 노쇠한 신들이 합작하여 우주를 만들었을지도 모른다는 가설도 가능하다. 우주는 시계보다는 유기체에 가깝고, 유기체적인 번식으로 만들어졌을 것이다. 그것도 아니라면, 우주는 단순히 원자들의 우연한 배열일지도 모른다.[6]

3.3 미세 조정과 설계

초기에 흄의 비판이 있었지만, 페일리의 설계 논증에 최후의 일격을 가한 것은 다윈의 진화론으로 보인다. 하지만 이것은 역사의 아이러니다. 진화 생물학은 신적 설계 이론을 요청하는 새로운 과학 지식이 등장하는 데 중요한 공헌을 했다. 미세 조정 논증 그 자체는 생명이 **진화**하려면 우주 안에 어떤 환경이 충족되어야 하느냐는 질문에 전적으로 의존하기 때문이다.

그렇다면 미세 조정을 어떻게 이해해야 할까? 미세 조정에 **어떤** 설명이 필요하다는 데는 폭넓은 합의가 이루어졌다. 미세 조정은 기독교 하나님의 작품이라고 결론을 맺을 수 있는가? 아니면, 그런 설명은 200년 전에 흄이 제기한 바와 같은 비판을 받을 것인가?

먼저 살펴보아야 할 중요한 질문은 이것이다. 미세 조정에 대한 과학적 설명이 있는가? 신학과 과학, 특히 신학과 우주론의 관련성에 대해 앞서 제시한 내 그림을 다시 살펴보자.

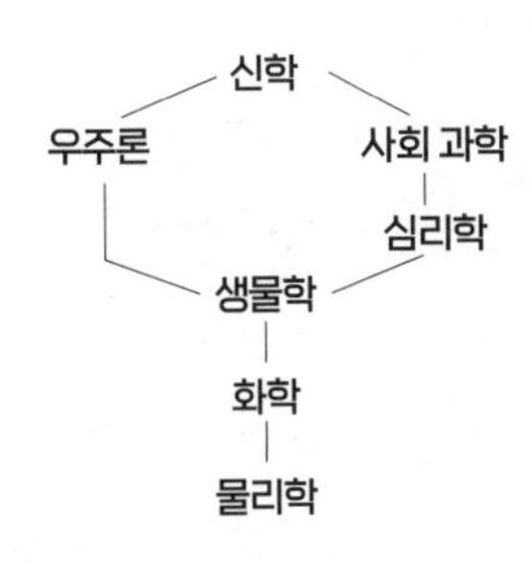

미세 조정은 우주론의 수준만으로는 답할 수 없는 질문이라고 주장할 수 있는가? 즉, 경계성 질문인가? 아니면 우주론 그 자체가 대답해야 할 새로운 퍼즐인가? 이것이 쟁점이다.

미세 조정을 설명하기 위해서든, 미세 조정에 대한 설명이 필요하다는 느낌을 **얼버무리려는** 시도에서든 실제로 다양한 무신론적 가설이 제안되었다. 여기에 네 가지 경쟁 가설이 있다. 첫째, '인간 중심 원리'(anthropic principle), 둘째, 순전한 우연, 셋째, 수학적(또는 논리적) 필연성, 넷째, 많은 우주(many universes. 저자는 다중 우주[multi-universe]라는 용어를 사용하지 않는다. 따라서 많은 우주라고 번역했지만, 다중 우주로 읽어도 된다_ 옮긴이)다. 각각을 간단히 설명하겠다.[7]

첫 번째 접근법은 우주가 생명에 적합하다고 감탄하는 것은 단순한 착각이라고 주장한다. 거기에는 설명할 게 아무것도 없다. 우주는 관찰자 없이는 관측될 수 없다. 따라서 관찰자를 포함한 우주는 당연히 생명체를 허용한 우주임이 틀림없다.[8]

두 번째 제안은 다음과 같이 말한다. 우주가 생명을 유지한다고 밝혀진 것은 분명 놀랍지만, 단지 우연의 일치다. 거기에는 언급할 만한 것이 더는 없다. 이 주장은 다음 두 가지 해석 중 하나일 것이다. 하나는 우리 지식의 한계에 관한 진술로 받아들일 수 있다. 우주는 그냥 어쩌다 보니 존재하게 되었고, 더 이상 추가로 설명할 것이 없다(이것은 흄이 주장한 "원자들의 우연한 배열"과 비슷해 보인다).

다른 하나로, 어떤 저자들은 우연 가설을 마치 일종의 형이상학적 주장처럼 만든다. 대문자 'C'를 가진 '우연'(Chance)이란 것이 실재 이면에 있는 어느 정도의 궁극적인 원리라고 그들은 말하거나 암시한다. 두 경우 모두 초과학적(meta-scientific)이고, 과학과 상관없이 과학의 능력을 초월한 주장이다.

세 번째 제안에 따르면, 단 한 세트의 숫자들 조합이 언젠가는 밝혀질 것이다. 그 숫자들이 자연의 기본 법칙에 내재하고 이를 구성하는 공식을 해명해 주리라고 본다. 그렇게 되면 이것이 개개의 상수들, 질량들, 다른 물리량들(quantities)의 미세 조정에 대해 어느 정도 과학적으로 설명할 것이다. 그렇지만 유일하게 가능한 그 우주가 또한 생명을 유지한다는 우연의 일치 앞에, 그리고 단 하나의 유일한 가능성이 어쨌든 존재한다는 사실 앞에 우리는 여전히 의아하기에 이것은 어떤 궁극적 설명도 제시하지 못한다. 아무것도 없다기보다 왜 무언가가 존재하는가에 대한 오래된 질문으로 다시 돌아가게 된다.

미세 조정을 설명하려면(또는 잘 해명하려면) 자연히 네 번째 제안으로 가게 된다. 광대한 많은 우주 중 하나지만 그 안에 우리가 있다. 매우 길고 무한한 우주가 연속해 있으므로 이 제안은 꽤 그럴듯하다. 초기 빅뱅 후 하나의 우주가 계속 발전한 다음, 최종적으로 우주는 팽창을 멈추고 인력이 우주를 함께 끌어당겨 빅 크런치라는 특이점을 맞이하게 된다. 이 일 후에 또 다른 빅뱅이 있을 것이고, 무한히 반복된다.

이 설명에는 추가적인 가정이 필요하다. 어떤 이유에 의해서든, 이 모든 연쇄적인 우주는 제각각 달라야 한다는 가정이다. 그러다 보면, 광대하게 많은 우주 중 우연히 한 개 혹은 몇 개 우주가 생명이 살기에 적합한 상수들을 갖게 될 것이다. 그리고 여기에 우리가 존재한다는 사실을 경탄해 마지않는 우리 같은 관측자가 존재하는 것은, 지극히 당연하게도, 그런 하나의 우주에서만 가능하다는 가정 말이다.

이 외에도 우리가 경험하는 우주는 많은 우주 중 하나일 것이라는 근거가 빈약한 양자 이론이나 '무질서한 팽창'(chaotic inflation) 이론 등을 포함해서 다른 이색적인 제안들이 있다. 이런 많은 우주 설명 중, 한두 개 정도만이 과학적 이론으로 유망해 보인다.

이제 우리 논의의 중요한 요점은 **만약** 제안된 이 모든 설명, 특별히 많은 세계가 다양하게 존재한다는 가설을 점검하여 하나하나 폐기하다면, 미세 조정이 유신 가설(theistic hypothesis)을 확증하는 사례를 제공할 수 있느냐다. 그러나 여러 설명과 가설을 확정적으로 폐기할 수는 없기에, 우리는 각각을 지지해 주는 증거의 상대적 강도를 고려해야 한다.

나는 이런 다양한 유사 과학적 가설에 대해 최신 견해를 제공할 위치에 있지 않다. 그러나 그 모두에 대해 공정하게 말할 수 있는 바는, 내가 믿기로 그 제안들은 대단히 추정적이어서 미세 조정 자체를 설명하는 역할과는 별개로 어느 것도 경험적으로 확증할 수 없다는 점이다. 설사 경험적 확증이 가능하다 해도 그리 크지 않다. 그런 작업은 과학보다는 오히려 수학을 위해 형성된 기금에 기반하여 주로 영국에서 진행된다고 어떤 우주론자 친구가 지적하였다. 바로 그 점이 **경험**(empirical) 과학에서 이런 종류의 작업이 얼마나 멀리 떨어져 있는지를 보여 준다고 그는 말하였다.

3.4 추가적 확증

그렇다면 설계자 가설은 어떤가? 미세 조정을 설명한다는 가치와 별개로 그 가설에는 추가적 인준 능력이 있는가? 그렇다. 여기서 신학을 포함하여 (1장에서 발전시킨) 과학들 사이의 계층 관계 모델을 다시 사용해야 한다.

계층 모델에서 각 층위에 있는 과학이 자신의 고유한 경험 데이터를 갖는다는 점은 분명하다. 화학자는 분광기 분석 결과를, 생물학자는 세포의 현미경 사진을 가지고 있다. 심리학자에게는 인성 목록이 있다. 따라서 각 층위의 과학 이론에 대한 우리의 신뢰는 주로 각 과학이 적절한 데이터를 가진 것에 의존한다.

하나의 이론을 신뢰하는 또 다른 이유는 그 층위에 있는 다른 이론들과 논리적으로 연결된 방식 때문이다. 예를 들어, 유전학 이론은 진화론에 엄청난 증거를 제공한다. 그리고 유전학과 진화론 모두 생물학이라는 동일 층위 수준에서 서로 연결된다.

하나의 과학이 다른 과학을 지지하는 또 다른 방식은 계층 모델에서 각 층위에 있는 과학이 위, 아래 다른 층위의 이웃 과학들과의 연결에서 비롯된다. 유전적 소인을 가진 상태에서 스트레스로 발현되는 것으로 추정되는 어떤 특정 질환의 생물학적 이론을 가정해 보자. 원인이 되는 유전자가 실제 존재하고 유전자 지도에서 밝혀지면 이 이론은 확정되는데, 이것은 아래 층위의 과학으로 입증된다. 역학 조사를 시행해 보니 사랑하는 사람의 죽음이나 이혼 같은 큰 심리적 외상 후에 대체로 병이 발현된다는 것을 발견했을 때, 이것은 상위 층위의 과학으로 확인되는 사례다. 즉 심리학 층위로부터 확증된 것이다.

이제 이 모든 것이 우리의 설계자 가설에 어떻게 적용될까? 첫째, **우리의** 설계자 가설은 이미 광대한 이론의 연결망 안에 조밀하게 직조되어 있음을 기억하라. 이 이론들을 우리는 '신학'이라 부른다. 우리는 어떤 지적인 존재가 우주를 설계했다는 것을 알 뿐만 아니라, 이 존재가 아브라함과 사라의 하나님, 우리 구주 예수 그리스도의 아버지라고 주장한다.

이전 장에서 우리는 신학 이론의 공식화에 사용되는 데이터에 주목하였다. 나는 성령의 존재와 권능의 증거로, 기도와 치유를 통한 그리스도인들의 실제 경험을 언급하였다. 예수의 삶 속에 나타난 역사적 사건들과 그분의 주 되심, 그리고 지금도 계속되는 그리스도인들의 경험이 그리스도의 신성을 확언해 준다.

미세 조정에 대한 다른 제안들보다 설계자 가설에 엄청나게 많은 설명적 우위를 제공하는 아래 층위의 과학이 지지하는 또 하나의 추가 증거가 있다. 지금까지는 계층 모델에서 신학과 자연-과학(naturalscience) 결사슬 사이의 관계에 집중하였는데, 계층 모델에서 인간-과학(human-science) 결사슬에 속하면서 설명이 필요한 매우 중요한 현상이 있다. 단순하게 말하면, 바로 '종교의 존재'다. 대부분의 역사 시대를 통틀어 대부분의 사회와 사람들에게는 어떤 형태로든 종교가 있었다. 종교는 인간 삶에서 가장 강력한 힘 중 하나였다. 그 원인은 무엇일까? 우리는 이 현상을 어떻게 설명해야 할까?

간단하다. "하나님이 존재하니까 종교가 있지." 독자들은 지금 그렇게 생각할 것이다. 신자들에게는 이런 설명이 매우 당연해서 다른 모든 가설의 경우와 마찬가지로 다른 가능성을 고려해야 한다는 사실을 잊는다. 우리 시대에는 명백하게 무신론과 불가지론이 막강한 영향을 끼치고 있다. 우리 시대에(지난 세기 또는 지난 두 세기 동안) 종교를 설명하는 경쟁적 무신론 가설들이 다양하게 개발되었다. 그중에는 지크문트 프로이트(Sigmund Freud)의 심리 가설이 있다. 이 가설에 따르면, 신자들은 완벽한 아버지상을 찾고 있다. 종교는 사회적 응집력을 제공하기에 존재한다는 다양한 사회학적 가설도 있다.

지금까지 상황을 다음과 같이 정리할 수 있다. 계층 모델의 자연과학 결사슬에 설명이 필요한 하나의 현상으로 미세 조정이 있다. 그리고 그 미세 조정(fine-tuning, FT)을 설명하기 위한 많은 경쟁 가설이 있다. 우연 가설(chance hypothesis, Hc), 수학적(또는 논리적) 필연성(hypothesis of logical necessity, Hn), 다양한 많은 우주 가설(many-worlds hypothesis, Hm), 이외에 신학적 가설(theological hypothesis, Ht)이 있다.

다음 그림의 양방향 화살표는 하나의 가설이 미세 조정을 가장 잘 설명하는 한에서(즉, 미세 조정이 그 가설로부터 연역적으로 도출될 정도로), 미세 조정은 그 가설을 지지한다는 것을 나타낸다. 현재로서는 다른 최상의 설명이 없다.

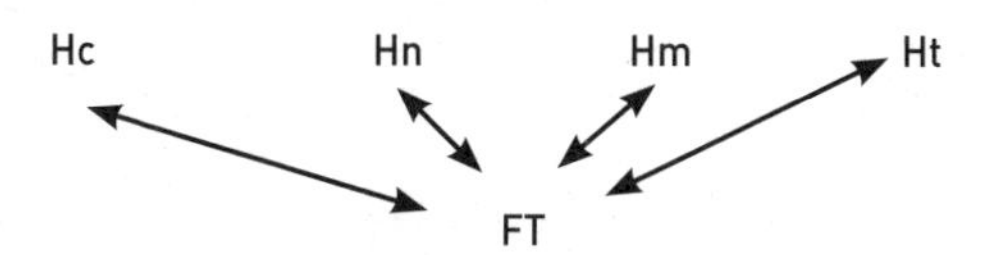

인간 과학 결사슬에서 설명을 요구하면서도 매우 다른 또 하나의 현상이 있다. 바로 종교(religion, R)다. 이 또한 가능성이 있는 다양한 설명이 있는데, 신학적 가설(theological hypothesis, Ht), 심리적 가설(psychological hypothesis, Hp), 사회학적 가설(sociological hypothesis, Hs)이다. 그 관계는 다음처럼 표현할 수 있다.

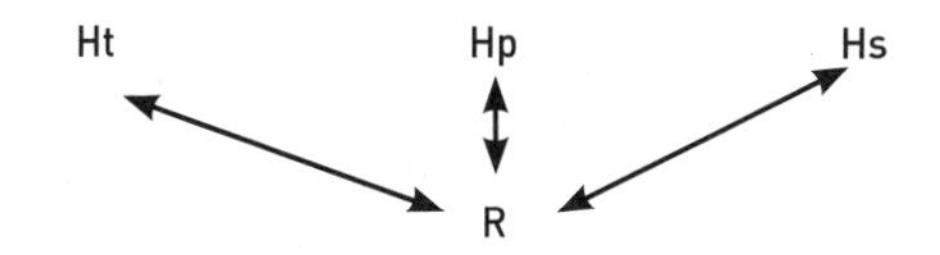

이제 두 그림을 결합하면 어찌 될지 생각해 보자.

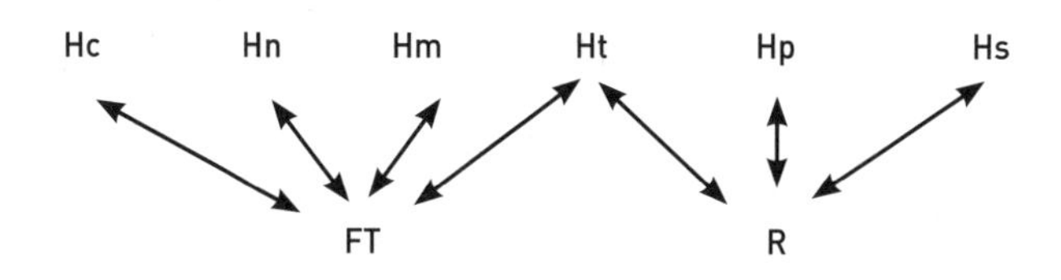

결합한 그림은 신학적 가설이 양쪽에서 지지받는다는 점을 나타낸다. 물론 신학적 가설이 다른 가설보다 정확히 두 배 강도로 지지받는 것은 아니다. 그보다는 서로 관련이 없는 독립적이고 전적으로 다른 원천으로부터 비준을 받는다는 점이 그 가설의 평가에서 상당히 큰 차이를 만든다는 뜻이다. 우주론에서 제기된 모든 경쟁 가설과 달리, 설계자 가설은 서로 관련 없는 독립적인 다른 사안으로부터 확증을 얻는다. 따라서 과학 철학의 관점에서 설계자 가설은 적어도 지금으로서는 미세 조정을 설명하기에 가장 유용하다. 이것이 이번 장에서 변증하려는 중심 주장이다.[9]

4. 우주에서 인간의 위치

결론을 내리기 전에, 1장에서 제기한 주제로 돌아가고자 한다. 우주 어딘가에 다른 생명체가 존재한다는 증거는 우리 인간이 우주에서, 그리고 하나님의 계획에서 어디에 있는지를 새롭게 질문하게 한다. 우주론적 미세 조정은 이런 쟁점과 연관되어 있다. 이번 장을 시작할 때 인용한 시편 8편의 시구를 다시 음미해 보자.

> 주님께서 손수 만드신 저 큰 하늘과 주님께서 친히 달아 놓으신 저 달과 별들을 내가 봅니다. 사람이 무엇이기에 주님께서 이렇게까지 생각하여 주시며, 사람의 아들이 무엇이기에 주님께서 이렇게까지 돌보아 주십니까?(시 8:3, 4, 새번역)

우리는 우주의 경이로움을 시편 기자보다 얼마나 더 많이 감탄할 수 있는가! 최근 발견을 통해 어떤 의미에서 그 모든 것이 우리와 같은 존재를 염두에 두고 창조되었다는 점을 얼마나 더 많이 인정할 수 있는가!

코페르니쿠스 혁명 이후, 인간은 우주의 중심에서 벗어났다. 우주의 광대함에 비해 우리 행성이 얼마나 작은지, 우주의 나이에 비해 우리 인간의 역사가 얼마나 짧은지를 우리는 깨달았다. 자연 세계를 보며 '탈-인간중심화'(de-anthropocentrized)가 되었다.

하나님이 우리와 같은 피조물을 우주에 두고자 하셨다면, 그것이 가능하도록 전 우주를 질서 정연하고 지금처럼 완전하게 창조하셔야만 했다는 것을 현재 우주론의 결과가 보여 준다. 우주는 그 안에 엄청난 양의 많은 물질(많은 별과 은하, 행성)을 담아야 했고, 그만큼 충분히 오랜 시간이 지나야 했다. 현재 우리는 우주의 중심에서 벗어나 있다. 그러나 신자들이 자신을 우주에서 중요한 부분, 또는 중요한 목적으로 보는 것도 분명히 가능하다. 이런 의미에서 우리는 시편 기자가 읊조렸듯이 하늘에 있는 모든 별, 심지어 볼 수 없는 별들까지 우리를 위해 창조되었다고 고백할 수 있다.

5. 요약

나는 1장에서 종교와 과학의 관계에 대한 두 가지 일반적인 견해를 비판함으로 논의를 시작하였다. 그 견해들에는 창조론자들의 견해를 나타내는 갈등 모델이 있다. 즉, 과학과 기독교가 동일한 영역에서 서로 경쟁하는 것이다.

또한 두 세계 모델이라 불리는 견해가 있다. 철학자 칸트와 신학자 슐라이어마허의 후예들에게서 흔히 볼 수 있는 견해다. 이 견해에 따르면 과학과 종교는 매우 다른 기획(enterprises)이어서 그 둘은 서로 충돌할 수 없고, 서로에게 영향을 줄 수조차 없다. 이 견해의 지지자들은 좀 더 나아가 과학과 신앙의 상보성(complementarity)을 강조한다. 과학은 우리에게 사실을 제공하고, 종교는 인간 존재에 대한 의미를 제공한다. 그래서 과학은 우리에게 기술을, 종교는 그 기술의 사용을 위한 윤리적 지침을 준다는 것이다.

2장에서 나는 이러한 과학-종교 이분법을 비판하였다. 신학은 우리에게 하나님뿐 아니라, 인간 존재와 전 우주가 하나님과 어떻게 관련되었는가에 대한 참된 지식을 준다. 따라서 신학이 말해야 하는 것은 때때로 과학이 말해야 하는 것과 (긍정적으로 또는 부정적으로) 연결된다. 실재를 완전히 파악하기 위해서는 과학과 신학을 동시에 고려해야 하며, 대립이 발견될 때도 일관성을 추구해야 한다.[10] 나는 신학과 과학의 관련성에 관한 세 번째 모델을 제안하였다. 이는 소수지만 점차 널리 수용되는 추세다.

이 세 번째 모델을 예시하고자, 나는 과학자들이 더 자세한 설명을 위해 암중모색하는 영역에 집중하였다. 그러자 우주의 미세 조정은 과학 자체로는 어떤 답도 제시할 수 없는 사례가 아닌가 하는 의문이 제기되었다. 사전에 특정한 종교적 의도가 없는 과학자들도 여기서 필요한 답은 하나님일지 모른다는 점을 암시하였다.

따라서 갈등 모델에서 말하는 것처럼 (창조론자들은 매우 자주 성경으로 과학을 대체하려고 하지만) 성경이 과학을 대체하지도 못하고, 두 세계 모델에서 말하는 것처럼 성경은 과학을 다른 영역이나 다른 차원에서 보완하지도 않는다. 오히려 성경은 과학과 동일선상에서 과학을 보완한다(다시 말해, 완성한다). 성경은 과학의 계층 체계를 완성한다. 성경은 과학 안에서 제기되었으나 과학 수준에서 대답하기에는 자신의 역량을 초월하는 경계성 질문에 대한 답을 제공한다.

종합하면, 신학은 과학으로부터 배운다. 예컨대, 신학은 화성 생명체의 발견에서 배우는 것이 있다는 의미다. 또한 과학도 이따금 신학으로부터 배울 수 있다는 뜻이다. 확신하건대, 이 점이 훨씬 놀라운 주장이다. 이에 대해서는 다음 장에서 입증하고자 한다.

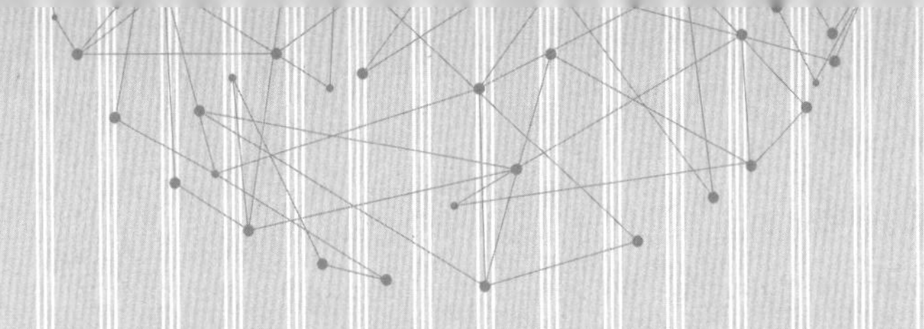

4장

신경 과학과 영혼

∞

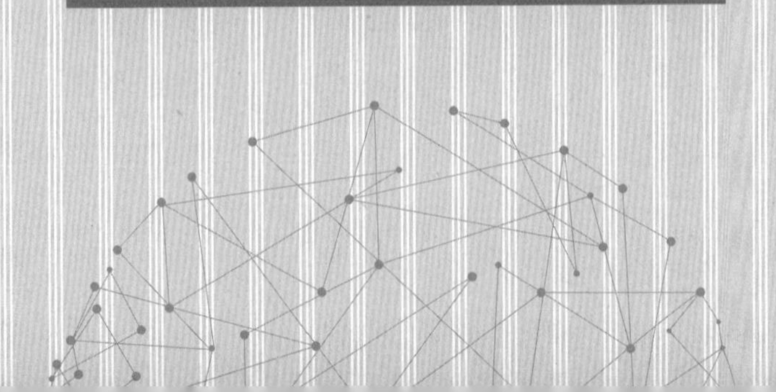

1. 잠재적 갈등?

인간은 무엇으로 구성되어 있을까? 생물학의 연구 결과는 인간이 뼈, 근육, 지방질로 구성되었다고 말해 준다. 그러나 그것이 전부인가? 서구 역사를 거의 통틀어, 대부분의 기독교인은 또 다른 부분, 즉 '영혼'(soul)을 믿는다. 영혼은 인간에게 본질적인 것으로, 영생을 누리거나 지옥에서도 보존된다고 생각하였다. 또한 이생에서 하나님과 관계 맺을 능력이라고 설명한다.

그렇지만 최근 들어 우리 문화에서는 인간을 순수하게 물질적 존재로만 보는 관점이 발달하고 있다. 그 배경은 생물학을 위시한 과학과 철학적 논의에서 비롯된다. 뇌와 신경계를 연구하는 가장 최근의 신경 과학은 사람들이 한때 영혼의 탓으로 돌리던 것들 대부분(또는 거의 모두)이 뇌의 작용임을 밝히고 있다.

따라서 오늘날 기독교 공동체는 마치 과학자들과 갈등을 빚는 것으로 비춰질 수 있다. 이번 장에서 나의 목표는 여기에 또 다른 선택지가 있음을 보이는 것이다.

먼저, 약간의 역사적 시각이 필요하다. **영혼**이라는 단어는 교회 역사상 다양한 곳에서 상이한 의미로 사용되었음을 볼 것이다. 그런 다음 신경 과학으로 돌아가 거기서 진행되는 매혹적인 연구 작업을 살펴볼 것이다. 그 후에야 성경이 말하는 난제, 그리고 현대 기독교인들이 그 쟁점에 대해 생각해야 할 난제로 주의를 돌릴 것이다.

2. 고대와 중세의 영혼 이해

기독교인들은 기독교 철학이 헬레니즘이나 그리스 사상에 영향을 받았다는 사실을 이미 알고 있다. 기독교는 유대인들 사이에서 시작되었지만 지중해 세계 곳곳으로 빠르게 확산하였다. 기독교가 전파될 때, 그리스 문화, 곧 그리스 언어와 관습, 사상도 지중해의 모든 문화에 침투하고 있었다. 서구 문화가 현재 세계의 많은 지역에 영향을 주는 것처럼 말이다. 초기 신학자, 변증가, 복음주의자에게 중대한 과제는 복음을 헬레니즘 사고방식과 관련 짓는 법을 찾는 것이었다. 이는 마치 선교사들이 외국으로 나가서 그곳 사람들의 사상을 공부하고, 그들이 복음을 이해하도록 접촉점을 찾는 것과 유사하다.

따라서 기독교 신학이 발전한 수백 년 동안 지중해 세계 사람들에게 어떤 사상이 통용되었는지를 아는 것은 중요하다. 당시 그곳에는 큰 혼란이 있었다. 이는 오늘날도 마찬가지다. **오늘날** 인간은 단지 원자라고 말하는 물질주의자들이 있다면, **그 당시**에는 인간의 몸**과 영혼**은 단지 원자라는 에피쿠로스 철학자들이 있었다. 오늘날에는 우리 몸이 신성의 작은 불꽃에 의해 생기를 얻으며, 본질적으로 우리의 영혼은 신의 일부라고 믿는 뉴에이지 사상가들도 있다. 그때에도 일부 사람들은 뉴에이지와 꼭 같은 견해를 주장하였다.

그렇다고 오늘날과 당시 사이의 유사성을 극단적으로 강조해서는 안 된다. 기독교 시대 첫 수세기 이후 많은 것이 변했다. 예를 들면, 원자의 성질에 대한 우리의 지식이 변했다. 현재의 물질주의자가 하는 말이 오래전 물질주의자들의 선조가 한 말과 정확히 같을 수는 없다. 나는 다만 초기 기독교인들에게 인간 본성을 설명하기 위해서는 당시 문화의 다양한 이론을 복음과 가장 잘 접목하는 방법이 필요했다는 점을 강조하고 싶다.

아우구스티누스(Augustinus, 354-430)는 아마 사도 바울 이후 가장 영향력 있는 신학자일 것이다. 그는 수백 년 동안 지속되어 온 인간 본성에 관한 문제를 대부분 정리하였다. 아우구스티누스는 철학으로 교육받은 탓에, 철학적 사고와 특정 사조가 당시 사람들에게 기독교 신학을 잘 이해시키는 유용한 도구임을 알았다. 그 사조란 신플라톤주의로, 아우구스티누스 당시 플라톤 사상이 발전된 형태이기에 그렇게 이름 붙여졌다. 플라톤은 예수께서 탄생하시기 약 350년 전에 살았던 인물이다.

플라톤(Platon, BC 428?-BC 347?)은 인간이 두 부분으로 구성되었다고 가르쳤다. 사멸할 몸과 불멸의 영혼이다. 실제로 그는 영혼이 영원하다고 믿었다. 영혼은 몸보다 먼저 존재하고, 지상에 사는 동안 몸 안에 단지 일시적으로 갇혀 있을 뿐이다. 영혼의 진정한 고향은 '이데아'라는 초월적 영역이다. 신플라톤주의자들은 죽음 이후 초월적 영역으로의 회귀가 보장되도록 영혼을 함양시키기 위해 몸을 억압하고 혹사하는 일단의 종교적 관례들을 개발했다.

아우구스티누스의 관점도 비슷했다. 그 또한 사람은 영혼과 육체로 구성되어 있다고 가르쳤다. 다만, 영혼은 불멸하지만 창조된 시작점이 있기에 영원하지 않다. 그는 죽어 없어질 몸을 영혼이 사용한다고 기술하였다. 영혼이 육체 안에 갇혀 있다기보다는 오히려 영혼이 몸을 사용한다는 것이다. 창조 교리는 몸이 악하다는 생각을 금하기 때문이다.

어떤 사람들은 이러한 이교 철학자들이 기독교의 가르침과 유사한 사상을 발전시킨 데 상당히 놀랄 것이다! 그러나 주의해야 한다. 플라톤의 생각이 기독교인들의 생각과 공교롭게도 **같았을** 수 있다. 아니면 기독교인들이 플라톤**에게서** 사상 일부를 단순히 빌려 왔을 수도 있다.

플라톤에게는 아리스토텔레스(Aristoteles, BC 384-BC 322)라는 제자가 있었다. 그는 많은 주제에 대해 플라톤과는 상당히 다른 견해를 개진시켰다. 서구 기독교가 시작된 이후 1,000년 동안 신학자들은 플라톤과 그의 이론에 충실한 추종자들을 가장 유용한 신학적 원천으로 삼았다. 그러나 중세에는 아리스토텔레스가 마침내 그 자리를 차지하였다.

토마스 아퀴나스(Thomas Aquinas, 1225?-1274)는 (여전히 주로 아우구스티누스에 의존하던) 기독교 신학과, 아랍인들에 의해 유럽 문화에 소개된 아리스토텔레스 철학 및 과학의 갈등을 융화한 것으로 유명하다. 아퀴나스는 가톨릭 신학자들 사이에 지금까지도 영향력을 행사하고 있다. 우리가 그를 여전히 중요하게 여기는 것은 (아마 그 이후 사람까지 포함해서) 그전 누구보다도 영혼에 대해 매우 정교한 설명을 발전시켰기 때문이다. 현대 신경 과학이 왜 그런 도전을 제시하는지 알려면, 우리는 아퀴나스가 제시한 영혼의 **기능**(functions)을 모두 고려해야 한다.

우리는 아퀴나스와 아리스토텔레스 둘 다 사용한 '질료'(matter)에 대한 설명으로 시작해야 한다. 그들에 따르면, 질료는 수동적이다. 그러나 어떤 **능동적** 원리가 그 질료에 작용하기만 한다면 질료는 모든 종류의 사물이 될 잠재력을 지니고 있다. 이런 관점에서 **형상**(Form)은 어떤 실체(entity)의 능동적 부분이다. 존재하는 모든 사물은 그렇게 질료와 형상으로 구성된다.

생물에는 무생물을 훨씬 초월하는 능력과 역량이 있다. 예컨대, 무생물인 바위는 성장하거나 재생산할 수 없다. 이것은 생물이 바위보다 강력하고 흥미 있는 형상을 가진다는 의미다. 더욱 흥미로운 형상은 **영혼들**이다. 식물은 경제적 모델(economy-model)로서의 영혼(영양소를 흡수하고, 성장하며, 재생산할 능력을 주는 형상)을 가진다. 이것들은 영양이나 생장과 관련된 영혼이다. 동물도 영양에 관한 능력이 있지만, 아울러 사물을 인식하고 이동하는 역량을 갖는다. 인간 영혼은 이 모든 역량에 아울러 그 이상의 것을 제공한다. 우리는 그러한 고급 모델(the deluxe model)로서의 **합리적** 영혼을 소유한다.

토마스 아퀴나스가 인간 영혼의 탓으로 돌린 정신 기능(faculties)의 세부 사항을 살펴보자. 그에 따르면, 인간 영혼에는 세 가지 단계의 중요한 기능이 있다. 이미 언급한 동식물과 공유하는 가장 낮은 단계로 영양, 성장, 재생산과 관련한 생장 기능이다. 그보다 조금 높은 단계는 감각 기능으로서 동물과만 공유한다. 이 기능은 외부 대상을 보고, 듣고, 냄새 맡고, 맛보고, 접촉하는 다섯 가지 외적 감각을 포함한다.

이외에 네 가지 '내적 감각'이 있다. 하나는 단순히 상상을 의미하는 '구상 능력'(*phantasia*)이다. 또 하나는 기억을 의미하는 '기억 능력'(*vis memorativa*)이다. 또 동물들과 공유하는 두 개의 내적 감각인 '평가 능력'(*vis aestimativa*)과 '공통 감각'(*sensus communis*)이 있다. '공통 감각'은 외부에서 오는 감각을 수집하고 분석하여 구분하는 능력이다. 예를 들어, 동물이 짖는 소리를 듣고, 갈색을 보고, 털을 만지면 그에 해당하는 강아지를 연상할 수 있다. '평가 능력'은 단순히 어떤 사물을 감지하는 것을 넘어 그것이 유용한지, 친숙한지, 낯선지를 인식하는 인지 기능이다. 일상에서 접하는 지각과 관련된 이 모든 능력을 구분한 것을 보면, 아퀴나스가 얼마나 훌륭한 인지 심리학자인지 주목하게 된다.

영혼의 감각적 또는 동물적 수준은 운동 능력과 욕구의 열등한 측면, 즉 음식이나 성적 상대와 같은 감지 대상에 끌리는 능력을 제공한다. 이런 욕구 능력은 한층 더 세분된다. 대상에 대한 호감이나 비호감의 반응으로 그 대상을 향해야 할지 피해야 할지를 구분하는 단순한 성향이 있고, 공격, 회피, 묵인 같은 반응으로 신체적 필요나 위협에 대응하려는 좀 더 복잡한 성향이 있다. 더불어 (아직도 여전히 감각 수준에 머물러 있는) 이런 욕구 능력은 11가지 종류의 감정에 반응할 준비를 한다. 사랑, 갈망, 기쁨, 미움, 혐오, 슬픔, 두려움, 용기, 희망, 절망, 분노다.

합리적 능력은 명백히 인간에게 속한다. 여기에는 수동적 지성과 의지, 그리고 능동적 지성과 의지가 포함된다. 능동과 수동의 두 가지 지적 능력이 합하여 추상화, 개념의 파악과 이해, 판단, 기억을 가능케 한다.

의지(will)는 고등한 욕구 능력이다. 의지의 대상은 우리가 감각 기관으로 인지하는 사물을 초월한다. 음식 같은 물리적 사물에 끌리는 능력은 동물과 인간이 공유하는 것임을 기억하라. 아퀴나스는 우리 인간이 그와 다른 종류의 선한 일에 끌리는 또 다른 능력을 소유한다고 말한다. 사실상, 그는 이런 능력이 향하는 대상은 선 그 자체이며, 그 선이란 '하나님'이라고 말한다. 영혼은 하나님과 연결될 수 있게 한다는 우리의 상식적 개념이 여기에 해당한다. 도덕성도 참된 선에 관한 합리적 판단과 더불어 그 선으로 끌리는 기능이다. 최근 신경 과학의 발전을 일부 검토하면서, 영혼에 관한 설명으로 곧바로 돌아가 보자.

3. 신경 과학의 발전

3.1 피니어스 게이지의 사례

먼저 한 일화를 소개하겠다. 안토니오 다마지오(Antonio Damasio)의 매혹적인 책 「데카르트의 오류」(*Descartes Error*, NUN 역간)[1]에 실린 내용으로, 러틀랜드 & 벌링턴 철로 건설 감독으로 근무하던 25세 피니어스 게이지(Phineas Gage)에 관한 이야기다. 게이지는 버몬트 주를 가로지르는 철로 확장 공사에 투입된 선로 설치 인부들을 관리하는 일을 맡았다. 이런 일에는 도로를 더 고르고 평평하게 하기 위해 바위 폭파 작업이 필요했다.

게이지는 키 168센티미터에 탄탄한 몸을 가졌다. 상사가 보기에 그는 그저 재능 있는 청년 그 이상이었다. 고용된 사람들 가운데 가장 능률적이고 유능하다고 상사들은 입을 모았다. 폭파 작업은 고도의 집중이 필요한데, 게이지는 이런 일에 적격이었다. 이 작업은 몇 단계로 수행된다. 우선 드릴로 바위에 구멍을 뚫고 반쯤 화약을 채운 다음, 폭약의 도화선을 넣고 모래로 덮는다. 다음으로 모래를 다지기 위해 쇠막대기로 조심스럽게 빻아야 한다.

1848년 어느 더운 여름날 오후 4시 30분, 게이지는 바위 구멍에 화약 가루를 채우고 도화선을 설치한 다음, 옆에서 돕는 사람에게 모래로 덮으라고 말하려던 참이었다. 그때 누군가 뒤에서 그를 불렀고 그는 그곳으로 눈길을 돌렸다. 옆에 있던 사람이 모래를 붓기도 전에, 그는 쇠막대기로 직접 화약을 빻기 시작했다. 쇠막대기는 바위 안에서 불꽃을 일으켰고 폭발이 그의 얼굴을 강타했다.

> 쇠막대기는 게이지의 좌측 볼로 들어가서 두개골 바닥 부위를 뚫고 전두골을 가로질러 빠르게 정수리 부분으로 빠져나왔다. …… 게이지는 바닥에 나가떨어졌다. 그는 기절한 것 같았다. …… 말이 없었으나 의식은 깨어 있었다.

게이지는 인근 호텔로 이송되었다. 그를 진료한 의사는 그 장면을 이렇게 기술하였다. "그때 게이지는 아담스 씨의 호텔 현관 의자에 앉아 있었다. …… 내가 차를 몰고 갔을 때, 그는 말했다. '선생님, 여기 당신에게 좋은 일거리가 있군요.'"

폭발로 머리에 큰 상처를 입었는데도 그는 곧장 걷고 여전히 조리 있게 말하는 능력을 갖고 있었다. 이는 놀라운 일이라고 다마지오는 말한다. 게이지의 몸 상태는 두 달이 안 되어 완전히 회복되었다. 게이지는 만지고, 듣고, 볼 수 있었다. 팔다리가 마비되지도, 말이 어눌하지도 않았다. 왼쪽 눈은 실명했으나 우측은 온전했다. 그는 잘 걸어 다녔고 양손 모두 기민하게 사용하였으며 언어 구사에 별다른 어려움이 없었다.

그러나 이런 놀라운 결과들은 게이지의 인격에 나타난 괴상한 변화 앞에 무색해졌다. 그의 기질, 호불호, 꿈과 포부 모두 변했다. "게이지의 몸은 여전히 잘 살아 움직일지 몰라도, 그 몸에 생명력을 불어넣는 영혼은 이전과 전혀 다른 새로운 것이었다."

게이지의 담당 의사인 할로우는 게이지의 "지적 능력과 동물적 성향 사이의 균형 또는 조화"가 깨져 버렸다고 기술한다. 뇌 손상의 급성기가 가라앉자마자 그 변화는 명백해졌다. 그 당시 게이지는

> 변덕스럽고, 불손하고, 때때로 매우 저속한 욕설을 마구 내뱉는 모습이 이전의 그와 전혀 딴판이었다. 그는 동료들을 대놓고 무시하고 존중하지 않았다. 자신의 욕망에 반하는 충고나 제지를 받으면 참지 않았다. 끈질기게 고집스럽고, 변덕스럽고, 우유부단하며, 앞으로의 일에 실행 계획을 잔뜩 생각해 내지만 준비하자마자 포기하는 모습을 보였다.

이러한 새로운 인격적 특성은 '차분한 습성'과 함께 '상당한 활력'을 보이던 사고 이전 모습과 극명하게 대조되었다. 그는 '잘 균형 잡힌 지성의 소유자이며, 그를 아는 사람들은 그를 상황 판단이 빠른 기민한 사업가, 모든 실행 계획을 열정적이며 끈기 있게 수행하는 사람'으로

평가했었다. 그 변화는 매우 급진적이어서 친구들과 친지들은 그의 변화를 인정하려 들지 않았다. 그들은 "그는 더 이상 과거의 게이지가 아니다"라고 슬프게 말하였다. 아주 다른 사람으로 변해 버렸기에 그가 직장으로 복귀하자마자 고용주는 그를 해고했다. "문제는 신체 능력이나 기술 부족이 아니었다. 그의 새로운 인격이 문제였다."

다마지오는 뇌 국재화(brain localization)에 관한 자신의 연구를 소개하기 위해 이 사례를 사용하였다. 즉, 게이지의 두개골을 주의 깊게 분석하여 쇠막대기가 손상시킨 뇌 부위를 정확하게 결정할 수 있었다. 다마지오는 이 사례를 통해 다음과 같이 추론한다. 다른 유사한 사례를 보면, 게이지가 수행할 수 없게 된 실제적인 추론 능력과 특정 부위의 연결이 필연적이라는 것이다.

3.2 뇌 국재화 연구

다마지오의 연구는 인간의 다양한 정신적, 감정적 능력의 원인이 되는 뇌 부위에 대해 점점 많아지고 있는 자료 중 일부다. 이 연구는 종양이나 뇌졸중으로 정상 생활을 하지 못하는 환자들을 대상으로 시작되었다. 그들의 증상을 주의 깊게 기록한 후, 사후 부검을 통해 증세와 뇌 손상 부위를 상호 연관 지을 수 있었다. 최근에는 다양한 종류의 영상을 이용하여 살아 있는 사람을 대상으로 뇌 기능과 뇌 부위의 연관성 연구가 가능해졌다.

이런 다양한 기술은 방대한 인지 기능 목록에 대한 국재화를 가능케 했다. 예를 들어, 좌측 전두골의 브로카(Broca) 영역과 측두엽의 베르니케(Wernicke) 영역은 언어와 관련되어 있다. 게다가 더 특정하게 위치된 병소(病所)는 색깔 어휘, 보통 명사, 고도로 특화된 명사, 고유 명사 구사력에 선택적으로 영향을 끼칠 수 있다.[2] 또한 타인의 얼굴을 인식하거나 감정을 느끼는 뇌의 사회적 부위도 확실히 존재한다. 뇌의 사회적 영역이 국소적으로 손상된 환자는 감정을 느끼지 못하는 '정서 인식 불능증'(affective agnosia)을 보일 수 있다.[3]

현대적 인간 이해에 관한 일반 과학적 발전과, 특별히 신경 과학 발전의 영향을 요약하기 위해 토마스 아퀴나스가 영혼의 탓으로 돌린 인간 정신 기능으로 돌아가, 각각에 관련된 과학적 발전을 살펴보자.

먼저, 토마스 아퀴나스는 물론 다른 고대와 중세 사상가에게 영혼은 삶의 원리였다. 오늘날 죽음을 판단하는 가장 공통된 기준은 '뇌사', 또는 모든 신경 활동의 정지다.

영양과 생장과 관련한 영혼의 기능에는 성장, 영양 공급, 재생산 등이 포함된다. 특히 디엔에이(DNA) 발견 이후, 현재 이러한 과정들은 생물학적 측면에서 상당히 잘 이해할 수 있다. 뇌는 이 과정에도 상당히 관여하는데, 신경 화학 물질은 식욕과 성 충동에서 상당히 큰 역할을 담당한다. 뇌에서 분비되는 뇌하수체 호르몬은 성장을 조절한다.

동물적 영혼의 기능은 운동 능력과 다양한 감각과 욕구다. 운동 능력은 뇌의 꼭대기 표면을 가로지르는 운동 피질과 원심성 신경 조직 체계(이는 뇌에서 사지까지 신경계 절반을 차지하며, 나머지 절반은 구심성으로 사지에서 뇌로 이어진다)에 의해 조절된다.

감각과 관련되는 과정을 추적하는 데 굉장한 진전이 있었다. 예를 들어, 망막에 있는 두 가지 다른 빛-감지 세포에서 전송된 신호는 일련의 처리 장치를 통해 시각 피질로 운송된다. 냄새는 코에 있는 6개의 다른 수용체 세포에서 뇌의 후엽(嗅葉)으로 전송된 신호를 수반한다.

토마스 아퀴나스가 공통 감각이라 칭하며 내적 감각으로 분류한 작업은 '결합 문제'(binding problem. 독립적으로 처리된 여러 정보가 어떻게 단일한 대상으로 통합되어 지각되는지의 문제_ 옮긴이)로, 현재 신경 과학자들이 연구하고 있다. 이것은 하나의 대상을 인지하기 위해 5개의 감각에서 수집한 정보를 연합하는 작업이다.

토마스 아퀴나스가 말한 기억이라는 내적 감각도 상당 부분 연구되었다. 장기 기억은 현재 신경 그물망 안에 있는 연결 패턴의 결과로 추정되고, 단기 기억은 '순환 경로'(recurrent pathways) 체계에 의한 것으로 믿고 있다. 이 견해는 정보 처리가 이루어진 다음, 재생되고 다시 정보 처리 과정에 반영된다는 것이다. 해마(hippocampus)라 불리는 뇌 부위가 단기 기억을 장기 기억으로 전환하는 데 관여되나, 그 과정이 어떻게 이루어지는지는 아직 밝혀지지 않았다.

나는 특정 종류의 기억에 대한 국재화를 이미 언급하였다. 폴 처칠랜드(Paul Churchland)는 언어 기억에 관련된 부위를 나타내는 뇌 지도를 그린 바 있다. 동사, 고유 명사, 보통 명사, 색깔에 해당하는 용어가 접근하는 길이 제각각 다르다.[4] 두정엽은 얼굴을 기억하는 데 관여한다.

피이티(PET) 스캔은 신경 활성이 국소적으로 상승한 부위를 기록할 수 있다. 처칠랜드는 그의 아내 패트리샤(Patricia Churchland)가 시각적 **상상**을 포함하여 작업한 실험 결과를 보고하였다(토마스 아퀴나스가 말한 내적 감각 네 가지 중 하나가 구상 능력 또는 상상임을 상기해 보자). 시각 피질에서의 활성도는 패트리샤가 시각적으로 상상하는 동안 정확히 상승하였으나, 외부 세계를 실제로 응시할 때만큼 큰 폭은 아니었다. 시각적 상상은 "뇌 속의 여러 부위에서 하강해 들어오는 **순환** 축삭 돌기 경로(recurrent axonal pathway)에 의한 시각 피질의 체계적인 자극" 때문이리라는 가설을 제기하였다.[5]

토마스 아퀴나스의 '평가 능력'은 친숙함과 낯섦, 유용함과 무가치함을 구분하는 능력이다. 쉬운 사례를 들자면, 다른 사람의 감정을 읽어 내는 능력이다. 이런 능력을 담당하는 단 하나의 부위가 있을 것 같지는 않지만, 뇌 손상으로 이 능력을 상실한 환자들이 있다. '보스웰'이라는 환자는 양 측두엽의 앞쪽 끝부분과 전두엽 아래쪽에 광범위한 뇌 손상을 입었다. 그의 많은 정신 기능이 손상되었는데, 그중 하나가 타인의 감정을 읽지 못하는 것이었다. 처칠랜드는 이렇게 보고한다.

> 보스웰에게 할리우드 영화들을 광고하는 극적인 포스터를 여러 개 보여 주면서 무슨 상황으로 보이는지 물어본 후 그의 반응에 주목하였다. 그중에 한 남자와 한 여자가 서로 성난 듯 마주 보고 있는 포스터가 있었는데, 남자의 입 모양은 적개심으로 소리를 지르고 있는 것이 확연했다. 보스웰은 남자가 여자에게 **노래를 불러 주는 것** 같다며 아무렇지 않은 듯 설명하였다.[6]

토마스 아퀴나스의 감성적 욕구(sensitive appetite)는 욕망, 기쁨, 슬픔,

절망 같은 감정을 담당한다. 우울증처럼 감정을 교란하는 정신 질환의 연구는 세로토닌 같은 신경 전달 물질이 중요한 역할을 한다는 것을 보여 주었다. 신경 전달 물질은 한 뉴런에서 다른 뉴런으로 신호를 운반하는 데 관여하는 화학 물질이다.

아퀴나스가 합리적 영혼이라고 여긴 고등 정신 기능은 여전히 잘 이해되지 않지만, 모두 언어를 수반한다. 따라서 고등 정신 기능이 **어떻게** 뇌 기능에 의존하는지는 잘 몰라도 특정 뇌 영역, 특히 베르니카 영역과 브로카 영역이 언어 능력과 밀접하게 연관되기 때문이라는 점은 알고 있다.

아퀴나스에 따르면, 합리적 영혼에서 비롯된 욕구 기능은 도덕 행동의 기초였다. 이쯤에서 게이지의 사례로 돌아가 보자. 그의 지적 능력은 손상되지 않았으나, 인생에서 더 높은 차원의 일을 추구하는 데 필요한 뇌 부위가 파괴되었다. 아퀴나스의 용어를 빌리자면, 게이지는 선을 향한 욕구를 상실했다. 말하자면, 하나님을 향한 욕구를 잃어버린 것이다.

지금까지 우리는 이전에 영혼이라고 생각한 **특정** 정신 기능을 오늘날에는 생물학과 신경 과학이라는 물리적 과정에 의지해서 설명할 수 있다는 요점을 짧게 개괄했다. 토마스 아퀴나스(그리고 아리스토텔레스)가 말한 영혼 기능의 세 가지 계층별 수준(영양 공급, 동물적, 합리적)과 뇌의 거시 해부학이 대체로 맞아떨어진다는 사실이 흥미롭다. 인간의 뇌 기저에 있는 파충류적 복합체(reptilian complex)는 하등 동물에게도 존재한다. 파충류적 복합체는 영토권, 성 충동, 공격성을 담당한다. 인간과 다른 고등 동물은 감정을 담당하는 대뇌 변연계(limbic system, 大腦邊緣系)를 공유한다. 인간만이 크고 고도로 발달한 신피질(neo-cortex, 新皮質)을 갖고 있는데, 이는 이론적 추론을 가능케 하는 부위다.

따라서 파충류적 복합체와 대뇌 변연계는 영혼의 두 가지 낮은 수준에 해당하는 많은 기능을 제공한다. 신피질의 기능은 특별히 합리적 영혼에 해당하는 것과 밀접하게 상응한다.

이 모든 것이 무엇을 의미할까? 서구 그리스도인들이 사용한 영혼이라는 특정 개념은 육체에 속한 것으로 보이지 않는 인간의 능력을 설명하기 위해 철학자들이 개발한 것일 뿐이다. 현대의 신경 과학적 관점에서 보면, 플라톤과 아리스토텔레스와 토마스 아퀴나스같은 철학자들이 단순히 오류를 범한 것일 수 있다.

4. 성서가 이해하는 인간

일부 독자들은 영혼에 대한 신학적 설명은 플라톤과 아리스토텔레스가 아니라 성서에 기원을 둔 것이라고 이의를 제기할지 모르겠다. 구약은 영혼에 대한 언급으로 가득하다. 구약 대부분은 플라톤 이전에 기록되었고, 고대 그리스에서 형성된 철학적 발전과는 확실히 무관하다.

그러나 실제로 보면 사안이 그리 단순하지 않다. 시편(원문에서는 KJV에서 인용하였으나 한글 성경은 개역개정을 인용하였다_ 옮긴이)에 있는 익숙한 몇 구절을 살펴보자.

이는 주께서 내 **영혼**을 스올에 버리지 아니하시며(시 16:10).

내 **영혼**을 지켜 나를 구원하소서 …… 수치를 당하지 않게 하소서 (시 25:20).

내 **영혼**을 죄인과 함께, …… 거두지 마소서(시 26:9).

[자기의 재물을 의지하는] 그들은 양같이 스올에 두기로 작정되었으니 사망이 그들의 목자일 것이라 …… 그러나 하나님은 나를 영접하시리니 이러므로 내 **영혼**을 스올의 권세에서 건져 내시리로다(시 49:14, 15).

이런 성서 구절은 몸은 무덤에서 부패하나, 영혼은 하나님이 구하신다는 견해와 잘 맞아떨어져서 '몸-영혼'의 이원론을 지지하는 것처럼 들린다. 그러나 한편에서는 영혼에 대해 이런 이원론적 그림과 맞지 않는 언급도 있다.

여호와 내 하나님이여 주께 피하오니 나를 쫓아오는 모든 자들에게서 나를 구원하여 내소서 건져 낼 자가 없으면 그들이 사자같이 **나**(my soul)를 찢고 뜯을까 하나이다(시 7:1, 2).

내 **생명**(soul)을 칼에서 건지시며(시 22:20).

> 그들이 까닭 없이 나를 잡으려고 그들의 그물을 웅덩이에 숨기며 까닭 없이 내 **생명**(soul)을 해하려고 함정을 팠사오니(시 35:7).

앞뒤가 안 맞는 부분이 있다. 영혼은 찢기지도, 칼에 찔리지도 않는다. 사람들이 웅덩이에 던지는 것은 영혼이 아니라 몸이다. 더 이상한 구절도 있다.

> 만일 그 화목 제물의 고기를 셋째 날에 조금이라도 먹으면 그 제사는 기쁘게 받아들여지지 않을 것이라 …… 가증한 것이 될 것이며 **그것을 먹는 자**(the soul that eateth of it)는 그 죄를 짊어지리라(레 7:18).

영혼이 고기를 먹겠는가? 이를 어떻게 보아야 하는가?

이 모든 경우에 '영혼'(soul)으로 번역된 히브리 단어 '네페쉬'(*nephesh*)는 아우구스티누스 이후 시대에는 영혼이라고 생각했으나, 실제로는 아니라는 데 보편적인 합의가 이루어졌다. 앞의 모든 경우에 영혼은 살아 있는 인간을 단순하게 언급한 방식이다. NIV 성경은 같은 구절을 다르게 번역하였다(강조는 저자 추가).

> **시** 16:10
>
> 개역개정: 이는 주께서 내 영혼을 스올에 버리지 아니하시며.
>
> KJV: "For thou wilt not leave my soul in hell";

NIV: "because you will not abandon *me* to the grave."

시 25:20

개역개정: 내 영혼을 지켜 나를 구원하소서 …… 수치를 당하지 않게 하소서.

KJV: "O keep my soul, and deliver me; let me not be ashamed";

NIV: "Guard my *life* and rescue me; let me not be put to shame"

레 7:18

개역개정: 그것을 먹는 자는 그 죄를 짊어지리라.

KJV: "the soul that eateth of it shall bear his iniquity";

NIV: "the *person* who eats of it will be held responsible."

따라서 히브리 단어 '네페쉬'는 '인간'(person), '생명'(life)으로 번역되거나 그저 남자나 여자를 지칭하는 말로 쓰였을 뿐이다. 그 단어는 동물에도 사용된다. 네페쉬를 가장 잘 반영한 단어는 '살아 있는 존재'(living being)다. 구약 성경에서 몸-영혼 이원론으로 읽어 낸 사람들과, 그런 식으로 번역한 초기의 많은 이들은 텍스트를 읽어 낸 것이라기보다는 이원론의 의미를 텍스트 안에 주입한 것이다.

다음 질문은 이렇다. "신약 성경은 몸-영혼 이원론 대 물리주의(physicalism)에 대해 어떻게 가르칠까?" 이것은 좀 더 어려운 질문인데, 정답은 없을 것이다! 그러나 한번 설명해 보겠다.

성서에는 많은 사안에 대해서 확고한 **가르침**들이 있다. 그런 가르침을 제시하는 데 있어서 성서가 **말하는** 다른 것들이 있다. 예를 들어, 하나님이 땅의 네 모퉁이(the four corners. 한글 성경에는 '사방'으로 번역되어 있다_ 편집자)로부터 유다와 이스라엘을 모을 것이라고 이사야가 말할 때(사 11:12), 그는 땅이 네 모퉁이를 가졌다고 가르치려는 의도가 아니었다. 땅의 네 모퉁이는 이사야가 예언할 당시 추정된 지질과 지리학 개념이다.

신약 성경은 사람이란 어떤 존재인지를 많이 알려 준다. 그렇지만, 그것은 인간이 얼마나 많은 부분으로(몸과 영혼인지, 몸, 영혼, 정신인지, 아니면 단지 하나인지) 이루어졌는지를 자세히 가르치려는 의도는 아니다.

우리 시대에서처럼 신약 시대에도 인간 구성에 대한 견해가 다양했다. 신약 저자들은 상이한 견해들을 사용해서 이러저러한 문제를 명확히 가르치려 했다. 이 주제에 대해 신약 성경이 말하는 바를 보려고 신약을 조사해 보면, 혼란스러운 나머지 좌절할 것이다.

그렇다면 기독교인들은 인간에 대해 자신이 원하는 대로 믿어도 되는가? 결코 그렇지 않다. 어떤 견해는 기독교 가르침과 양립할 수 있으나 어떤 것은 양립할 수 없다. 현재 통용되는 네 가지 이론을 제시한 후, 두 가지 극단적 견해는 기독교에서 배제되고 중간의 두 견해는 기독교 가르침에 일관된다는 것을 볼 것이다.

이미 살펴본 첫 번째 견해는 인간은 두 부분, 곧 부패할 몸과 몸 안에 갇힌 영혼으로 구성되었다는 플라톤식 이해다. 인격은 영혼과 동일시되고, 인생의 목적은 몸에서 벗어나는 것이다. 이미 언급했듯이 이 견해는 기독교 신학과 부합되지 않는다. 몸을 (그리고 나머지 물질계 역시) 악한 것으로 보기 때문이다. 이것은 기독교의 창조 교리에 반한다. 하나님은 물질세계를 창조하시고, 보시기에 "좋았다"고 하셨다. 몸을 악하게 보는 것은 성육신에 대한 우리의 이해와도 역행한다. 하나님의 아들은 몸을 입으셨다. 그 몸은 일시적으로 가장한 것이 아니라 영원한 몸이다. 그리스도인의 소망은 영혼이 몸에서 빠져나오는 것이 아니라, 예수께서 그러셨듯이 몸으로 부활할 것이라는 약속에 있다. 따라서 이런 급진적인 플라톤식 이원론은 아우구스티누스가 1,500년 전에 인식했듯이, 기독교의 경계에서 벗어난다.

두 극단에서 반대쪽에 있는 두 번째 견해는 환원적 물질주의다. 인간은 그저 물질적인 몸이라는 견해다. 이 견해에서 빼놓아서는 안 되는 중요한 지점이 있다. 인간에 관한 모든 것을 순전히 자연적인 용어로 설명한다는 점이다. 즉, 도덕적 행동까지도 유전자에 의해 계획된 것으로 설명할 수 있다고 주장한다. 종교적 경험은 환각 같은 비정상적인 신경학적 사건이다. 종교의 존재는 사회학적으로 설명될 수 있다. 종교란 사회가 똘똘 뭉치기 위해 만든 것이다. 인간은 그저 자연세계의 일부이고, 그 외에 더 말할 것이 없다. 인간은 단지 지능이 높은 동물이고, 도덕적 의무를 갖는다거나 하나님과 관계를 맺는다는 생각은 자신을 우롱하는 처사다. 인간 본성에 대한 이런 설명은 기독교 가르침에 근본적으로 반대되지만, 세속 학계에서는 흔한 견해다.

따라서 이런 두 견해는 인간 구성에 대한 극단적 주장들이다. 플라톤에 따르면 인간은 영원히 존재하는 영혼이다. 일부 현대 사상가는 인간이란 단지 생물학적 유기체에 지나지 않는다고 말한다. 인간에 관한 양극단 사이에는 그와 다르지만 기독교에 부합되는 두 가지 견해, 즉 전일적 이원론(holistic dualism)과 비환원적 물리주의(nonreductive physicalism)가 있다. 나는 두 견해가 가진 문제는 사소하기에, 두 견해 모두 기독교의 교리에 부합한다고 본다.

전일적 이원론에서 인간은 두 부분으로 구성된다. **몸**과 **영혼**이라는 용어를 사용하지만, 두 부분 모두 필수적이다. 그 두 부분이 결합하여 조화롭게 기능할 때, 우리는 진정한 우리 자신이 된다. 죽음에 이를 때 인간을 구성하는 두 양상이 일시적으로 분리될 수 있지만, 부활 때 몸의 회복 이후 다시금 진정한 우리 자신이 된다.

이 전일적 이원론은 적어도 아우구스티누스 시대부터 오늘날까지 교회 역사에서 가장 보편적 견해였다. 그것이 그르다고 신학적 이의를 제기하기는 어려워 보인다. 전일적 이원론이 모든 신약 용어에 얼마나 잘 들어맞는지를 여기서 평가하는 것도 불가능하다. 그러나 과학의 발달은 확실히 이 견해에 의문을 제기한다. 신경 과학이 발달한다 해도 영혼이 없다는 것을 결코 **입증**할 수 없다. 오히려 뇌 국재화 연구를 보면 영혼의 능력이라고 하는 것들이 특정 뇌 기능들과 놀랍도록 일치한다고 말할 수 있다. 영혼은 점점 상황을 복잡하게 만드는 불필요한 개념처럼 보인다.

따라서 네 번째로 비환원적 물리주의에 대해서 알아보는 것은 가치 있을 것이다. 인간은 단지 하나의 실체만 가지며 명확한 물리적, 생물학적 유기체라는 점에서 이 견해는 앞서 비판한 환원적 물질주의와 표면적으로는 같아 보인다. 지금껏 영혼의 능력으로 돌린 고차원적인 모든 인간 기능을 단 하나의 실체인 인간 유기체가 수행한다는 점을 신경 과학이 설명해 낼 것이다. 옳고 그른 것에 대해 생각하고 때때로 선(善)을 선택할 능력을 제공하는 것은 우리의 뇌와 신경계다. 하나님의 거룩함을 인식하고 작고 고요한 음성을 하나님 말씀으로 식별할 수 있는 것은 커다란 신피질(neo-cortex, 新皮質)을 가진 우리의 뇌다.

나는 비환원적 물리주의가 인간에 대한 고대의 히브리 개념에 가깝다고 믿는다. 이것은 신구약에서 공히 발견되는 인간에 대한 **전일적** 견해를 지지한다. 그리고 이원론보다 더 큰 신학적 이점을 지닌다. 가장 중요한 점은 그리스도인의 소망인 영생의 원천이 몸의 부활이라는 신약의 가르침을 따르게 한다.

과학의 관계를 설명하기 위해 1장에서 내가 사용한 비환원적 물리주의라는 용어를 여기서 다시 사용한 것을 주목하길 바란다. 이러한 인간 이해는 실재에 대한 계층적 설명과 잘 들어맞는다. 과학의 계층모델을 따라 상향할 때, 우리는 가장 먼저 아원자 입자를 연구한다. 이것들이 결합하여 원자를 형성하고, 원자들은 다시 결합하여 분자를 만든다. 이 지점에서 우리는 화학이라는 층위에 들어선다. 크고 복잡한 분자들이 살아 있는 실체를 구성한다. 예를 들어 단백질과 디엔에이인데, 이는 생물학의 층위에 있다.

고대 철학자들은 살아 있는 존재가 되려면 비물질적 영혼이 물질과 결합해야 한다고 믿었음을 기억하라. 19세기, 심지어 20세기까지도 많은 생물학자는 무생물 물질이 생명을 얻으려면 무언가를 첨가해야 한다고 믿었다. 바로 생명력 혹은 '활력'(entelechy. 본래 아리스토텔레스의 개념으로 '질료가 형상을 얻어 완성되는 현상'을 말한다. 생기론에서 언급되는 생명력, 활력을 뜻하기도 한다_ 옮긴이) 말이다. 그러나 이제 그런 견해는 배제된다. 필요한 것은 다른 종류의 부분, 비물질적인 것이 아니다. 단지 물질적 부분들의 특별한 조직화다.

심리학 층위에서 볼 때, 인간 존재가 되기 위해 정신이나 영혼과 같은 또 다른 비물질적 부분을 추가하지 않아도 된다는 것이 나의 주장이다. 의식을 비롯한 모든 인간 특징은 뇌의 특별한 조직화에 의존한다. 따라서 인간에 대한 비환원적 물리주의 설명은 이러한 과학의 계층 모델에도 훌륭하게 들어맞는다.

1장에서 내가 하향식 인과 관계를 말한 것은 매우 중대하다. 하향식으로 하나님이 인간에게 영향을 끼칠 수 있는 것처럼, 인간은 하향식으로 계층 모델의 낮은 단계에서 행동할 수 있다. 따라서 이 모델을 단지 상향식 인과 관계만 인정한 환원주의자의 설명과 혼동하지 않는 것이 중요하다.

5. 아나뱁티스트들과 '영혼의 수면'

비환원적 물리주의와 전일적 이원론 모두 문제가 없지 않음을 앞에서 보았다. 여기서 나는 비환원적 물리주의에 내재한 한 가지 문제, 곧 죽음과 부활 사이 중간 상태에 관한 교리를 고찰하고자 한다.

앞서 아우구스티누스는 인간이 불멸의 영혼을 소유한다는 생각에 따라, 이원론적 설명을 채택하였다고 나는 언급하였다. 문제는 그리스 문화에서 비롯된 죽음 이후의 삶과, 기독교의 몸의 부활 교리를 어떻게 조화시키느냐다. 해결책은 사망 당시 영혼이 몸에서 분리된다고 말하는 것이다. 그 이후에 하나님이 준비하신 새롭고 영광스러운 몸으로 부활하는 것이다.

아리스토텔레스의 영혼 개념에 따르면, 몸이 죽으면 자연히 영혼도 소멸한다. 그러나 아퀴나스는 인간의 영혼은 죽음 이후에도 살아남아 죽음과 부활 사이에 어느 정도 의식적 경험을 갖는다고 설명하는 데 큰 노력을 기울였다.

그리스도의 임박한 재림에 대한 기대와 연옥에 관한 논쟁에 비추어, 중간 상태라는 쟁점이 종교 개혁 시기에 두드러졌다. 특히 급진파 내부의 많은 개혁자는 부활과 최후 심판에 앞서 영혼은 '잠들어 있다'(sleep)고 주장하였다. 수면은 신약 성경에서 죽음의 완곡한 표현이기에 영혼과 관련해서 실제로 두 가지 가능성이 제기되었다. 영혼은 몸과 함께 소멸된다는 것과, 실제로 영혼은 잠든다는 것이다. 폴란드의 아나뱁티스트 시몬 버드니(Simon Budny) 같은 사람들은 더 급진적인 견해를 폈다. 영혼이란 몸의 생명이기에 죽을 때 같이 소멸한다는 이해가 여기에 깔려 있다. 그러나 급진주의자들 사이에 더 보편적인 견해는 영혼은 계속 존재하지만, 무의식 상태라는 것이었다.

칼뱅은 〈영혼 불면론〉(*Psychopannychia*, 1545)이라는 논문을 시작으로 영혼 소멸과 영혼 수면, 두 종류의 견해를 공격하였다. '영혼 불면론'이라는 단어는 실제로는 영혼이 깨어 있는 또는 지각 있는 '각성'(wake)

을 의미하지만, 그럼에도 칼뱅이 반대한 두 견해와 연관되어 있다.[7] 의식을 가진 중간 상태라는 칼뱅의 가르침은 그의 많은 추종자의 승리로 정착되었다. 그와 동일한 가르침이 1513년 제5차 라테란(Lateran) 공의회에서 가톨릭 교리로 공식화되었다.

따라서 인간에 대한 비환원적 물리주의 주장은 가톨릭과 개혁 전통에 있는 그리스도인 모두에게 문제점을 제시하는 것 같다. 영혼이 존재하지 않는다면, 그리고 단지 신경계가 의식의 자리라면 죽음과 부활 사이에 어떻게 각성 상태가 존재할 수 있겠는가?

급진적 종교 개혁 전통에 속한 그리스도인들에게는 그런 문제가 생기지 않는다. 이 운동의 초기 지도자들은 대부분 몸-영혼 이원론의 형태를 취하였지만, 그 가설을 교리로 굳히려는 어떤 행동도 하지 않았다. 오늘날 메노나이트와 형제단 신학자들은 중간 상태를 수용해서 합의에 이르려는 어떤 시도도 하지 않는다. 세상을 떠난 사랑하는 사람들이 하나님의 존전에서 복락을 누리고 있다는 생각은 우리에게 위로를 주긴 하지만, 역사의 끝에 있는 (몸의) 부활을 우리 모두 고대한다는 결론을 수용하려면 물리주의 견해가 좀 더 일관성이 있다.

6. 요약

기독교는 과학과 중대한 갈등을 초래할 수 있다는 점을 암시하면서 이번 장을 시작하였다. 기독교인은 인간은 몸과 영혼이라는 이원론적 견해를 견지하는 성향이 있는 반면, 과학에서는 인간이 단지 한 가지로

만 구성되었다고 제안하는 것처럼 보이기 때문이다. 현대 기독교인에게 영혼이 정확히 무엇이냐고 묻는다면, 하나님과 관계 맺고 죽음 이후에도 살아 있는 인간의 일부라 대답하겠지만, 그 이상의 분명한 개념은 갖지 못할 것이다.

이런 이유로 나는 중요한 기독교 신학자들, 특별히 토마스 아퀴나스가 이 문제에 대해 말한 바를 살피는 데 지면을 할애하였다. 그는 우리 인간 능력의 인상적인 항목들을 제시한 후 각 원인이 되는 영혼의 부위를 생각해 냈다. 나는 이런 능력들 가운데 얼마나 많은 부분이 오늘날 뇌와 신경계의 기능으로 이해되는지를 신경 과학을 통해 설명하였다.

다음으로 구약 성경이 인간에 대해 이원론적으로 설명한다는 생각이 잘못되었음을 지적하였다. 이는 후대 기독교인들이 히브리 구약 텍스트를 번역하는 과정에서 오도된 것이다. 그래서 우리는 신약에서는 무엇이라 가르치는지를 묻지 않을 수 없다. 나는 신약의 기자들이 이 쟁점에 대해 실제로는 비교적 침묵한다고 주장하였다. 성경의 가르침은 어떤 특정 견해를 완전히 배제하도록 가르친다. 플라톤이 제창한 몸을 부정하는 이원론과, 오늘날 일부 과학자와 철학자가 개진하는 환원적 물질주의가 그것이다.

이 점이 신학적으로 수용할 수 있는 두 가지 견해로 우리를 이끈다. 신약의 증거 본문들에 기반하여 두 견해 모두 지지할 수 있지만, 이 견해들이 기독교 신학의 다른 부분들과 양립할 수 있는지는 실제적인 문제다. 비환원적 물리주의와 전일적 이원론 모두 기존의 신학적 전통과 융화되는 데 미세한 문제가 있지만, 유용한 설명으로 여겨진다.

많은 그리스도인의 시각으로 볼 때, 비환원적 물리주의가 교리적으로 지닌 주요 문제는 중간 상태 교리다. 이것은 개혁주의 전통과 가톨릭 신자보다는 급진적 종교 개혁 전통의 그리스도인들에게 훨씬 문제가 적을 것이다.

나는 이원론을 주장하는 사람들에게 이원론을 거부하라고 촉구하려는 것이 아니다. 내 의도는 그리스도인들에게 또 다른 선택지가 있다는 점을 말하고자 함이다. 미래에 과학과 철학이 발달하여 이원론이 더는 이치에 맞지 않음이 확실해져도, 기독교 신앙은 위협받을 필요가 없다. 오히려 비환원적 물리주의가 이원론보다 훨씬 성경에 부합한다는 사실을 알게 될 것이다. 과학의 발달은 우리의 영적 텍스트 안에 있는 내용을 과거보다 더 선명하게 보도록 돕는다. 비환원적 물리주의는 아마 그런 경우 중 하나일 것이다.

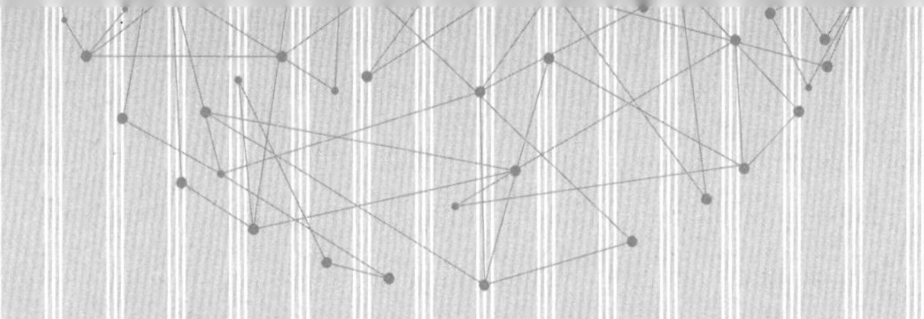

5장

기독교와 진화론

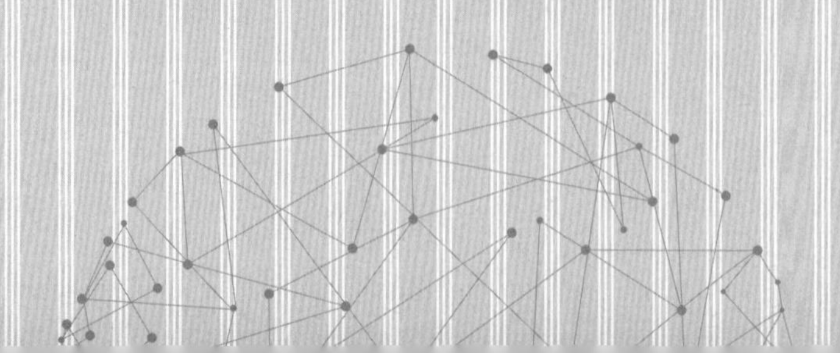

1. 개관

코페르니쿠스와 갈릴레오 시대 이후, 진화론만큼 기독교인들의 관심을 사로잡은 과학적 주제는 없을 것이다. 찰스 다윈(Charles Darwin)이 1859년에 「종의 기원」을 출간한 지 150여 년이 지났는데도 기독교인들은 진화론을 어떻게 생각해야 할지에 대해 여전히 양분되어 있다.

1장에서 대중 매체 관계자들은 과학과 신학의 갈등에 관한 이야기들을 선호한다고 언급한 바 있다. 그 결과, 진화론을 반대하지 않는 기독교인이 실제로 많다는 사실을 간과하기 쉽다. 이번 장에서 나는 기독교와 진화론이 갈등을 빚게 된 원천에 집중하는 한편, 이미 많은 사람이 생물학적 삶을 진화론적 용어로 표현하고 있을 뿐 아니라 그것을 통해 기독교를 이해하는 데에도 도움을 받고 있음을 강조하고자 한다.[1]

이번 장의 첫째 목표는 일부 기독교인들이 진화 생물학에 반대하는 이유를 조사하는 것이다. 그러나 급진적 종교 개혁파 그리스도인들이 이 쟁점에 대해 어떻게 생각해야 하느냐가 나의 주 관심사다. 급진적 종교 개혁파는 다른 기독교 전통과는 조금 다른 관점으로 접근하며, 아나뱁티스트가 진화론을 특별히 비판하는 지점에서도 진화 생물학이 나름 쓰임새가 있다는 점을 설명하겠다.

2. 진화론을 거부하는 역사적 이유

3장에서 나는 신 존재의 근거로, 환경에 대한 유기체의 적합성과 생체 기관이 특별한 목적을 따르도록 명확하게 설계되었다는 개념에 기초한 윌리엄 페일리의 뛰어난 논증을 기술하였다. 다윈 시대에 기독교인들 사이에서 이 논증의 인기를 실감한다면, 다윈의 진화론이 왜 그렇게 폭탄선언과 같았는지 이해하기란 어렵지 않을 것이다. 다윈은 무작위적 변이와 자연 선택의 조합이 효율적인 생체 기관과 부속 기관의 발달뿐 아니라, 환경에 대한 유기체의 놀라운 적응도 잘 설명한다고 주장했다. 역사의 이러한 단편들에서 우리는 한 가지 교훈을 배울 수 있다. "우리의 변증 달걀을 한 바구니에만 모두 담지 말라!"[2]

진화론이 논란을 일으킨 두 번째 원천은 우주에서 우리의 위치에 대한 개념과 관련이 있다. 요컨대 많은 기독교인은 인간이 동물과 밀접하게 관련되어 있다는 주장에 모욕을 느꼈다. 그러나 나는 이런 반응이 부당하다고 믿는다. 특히 성경을 믿는 사람들에게는 더 그렇다. 창세기의 창조 기사에 따르면, 인간은 "하나님의 형상"을 따라 창조되었다. 이는 인간이 창조 질서에서 특별한 역할이 있으며, 하나님과의 관계 속에 있음을 강조한다. 그러나 동일하게 나머지 자연과 인간의 연속성 또한 증언한다. 성경에서 인간은 모두 "흙으로" 만들어졌다. '아담'(adam)은 땅에 해당하는 '아다마'(*adamah*)로 이루어져 있다는 히브리어의 언어유희는 영어에서도 볼 수 있다. 우리는 'humus'(부식토)로 이루어진 'humans'(인간)다.

따라서 동물과의 연대감에 대한 기독교인들의 거부감은 성서가 아니라 그리스 철학에서 온 것이 아닌지 의심하게 된다. 그리스 철학은 모든 실재를 계층화된 가치의 관점에서 이해한다. 형이상학적 사다리의 서열에서 인류는 동물보다 상위에, 그러나 신 바로 아래 단계를 차지한다고 여겨졌다.

이러한 쟁점은 이 책 4장의 주제와 밀접하게 연결되어 있다. 영혼을 통해 인간은 신성과의 동질감을 공유하였다. 신학과 생물학적 진화를 조화시키기 위해 결과적으로 사용한 전략은 인간의 **몸**이 동물에서 진화했더라도 인간의 **영혼**은 하나님에 의해 특별 창조되었다는 점을 주장하는 것이었다. 1996년 10월 22일, 교황 바오로 2세는 교황청 과학원(Pontifical Academy of Sciences) 연설에서 이러한 견해를 피력하였다. 또한 인간 복제에 관한 최근 논의에도 이와 유사한 태도가 나타난다. 어떤 논평자는 몸은 복제할 수 있을지 몰라도, 영혼은 복제할 수 없다는 이유로 인간 복제를 엄격히 금지하자고 단호히 주장하였다.

다윈 시대의 기독교인들은 최근 우리가 '사회 진화론'(social Darwinism)이라고 일컫는 진화론의 윤리적, 사회적 적용 때문에 진화론에 반대하였다. 사회 진화론은 진화론에서 말하는 생존 경쟁이 생물학 영역에서 진화적 진보를 낳는다는 것이다. 따라서 이런 경쟁은 인간 세계에서도 허용되고 나아가 장려되어야 하며, 더 약한 사회 구성원의 생존과 번식을 북돋우는 어떤 대책도 만들어서는 안 된다고 주장한다. 그러나 생존 경쟁, 적자생존이 다윈 이론 안에 원천적으로 내포된 것인지, 아니면 다윈 당시 영국에 이미 존재한 경제적, 사회적 이론에 영향을 받은 것인지는 확실치 않다.[3] 현대의 일부 생물학자들은 투쟁과 경쟁에 대한 강조는 편파적 설명이라고 주장한다. 다윈의 진화론은 같은 종 내에서든, 같은 종을 넘어서든 간에 유기체들 사이의 상호 협력이 가미되어 있다는 인식과 균형을 이루어야 한다. 이 쟁점은 뒤에서 다시 다룰 것이다.

마지막으로, 진화 생물학을 반대하는 많은 부분이 하나님의 활동을 제한시키는 견해로 귀착된다. 이것은 어느 한 사건을 하나님의 활동으로 보아야 할지, **아니면** 자연적 결과로 보아야 할지에 관한 질문이다. 내가 알기로, 기독교 신학자들은 그런 엄격한 대립을 늘 부정해 왔다. 예를 들어, 중세 신학자들은 하나님을 모든 사건의 제1원인으로, 그리고 자연적 원인을 이차적 혹은 도구적 원인으로 기술하였다.

근대 초기에 자연법칙이라는 개념이 등장하였다. 자연법칙은 원래 자연 세계에 대한 하나님의 통치를 표현하기 위해 도입한 신학적 개념(비유)이었다. 하나님이 법이라는 수단으로 인간을 다스리시듯, 자연법칙으로 행성의 운동을 관장하신다. 그러나 자연법칙이라는 표현에 담긴 비유나 신학적 어감은 점차 소실되었다. 많은 이가 여전히 하나님을 자연법칙의 원천으로 보았으나, 자연법칙은 그 자체의 능력과 지위를 부여받게 되었다.

그러면서 하나님이 태초에 우주와 자연법칙을 창조하셨다기보다는 다른 방식으로 활동하지 않으셨느냐는 의문이 일었다. 아이작 뉴턴은 하나님이 이따금 행성의 궤도를 조정하시는 등 추가로 개입하셔야 한다고 믿었으나, 피에르시몽 드 라플라스(Pierre-Simone de Laplace)는 여전히 하나님의 어떤 개입도 필요하지 않다고 주장한 것으로 유명하다.

기독교인들은 자연 세계(물리학과 천문학의 세계)의 표준적 과정과 하나님의 활동을 구분하는 사고에 익숙하다. 그러므로 다윈의 업적은 생

명 현상을 자연법칙의 규칙 아래로 가져다 둔 것이라고 말할 수 있다.[4]

이런 식으로 하나님의 활동을 생각한다는 것을 고려할 때, 자연법칙의 관점에서 생명의 기원을 설명할 수 있다는 주장은 하나님의 활동을 일부 **부정**하는 것으로 비친다. 그러나 여기서 하나님은 존재하는 모든 것의 창조자이실 뿐 아니라 유지자요 통치자로서, 모든 사건의 작인(agent)이라는 오랜 기독교 가르침을 상기해야 한다.

진화론을 기독교 신학과 조화시키는 일반적 전략은 하나님이 진화 과정을 **통해** 살아 있는 생명체를 창조하셨다고 주장하는 것이다. 내가 1장에서 과학의 계층 모델에 대해 기술한 것을 상기해 보자. 이 모델에 따르면, 동일 사건이 여러 층위에서 기술될 수 있다. 예를 들어, 푸른 눈을 길고 복잡한 '디엔에이 사슬'이라는 화학적 용어로 설명할 수도 있고, '유전자'라는 생물학적 용어로 설명할 수도 있다.

현상을 기술하는 계층 모델에서 하나의 층위로 신학을 이해하는 것은 신학적 설명과 생물학적 설명이 동시에 사실이면서 동일 과정에 대한 가치 있는 기술(description)임을 분명하게 보여 준다는 이점이 있다. 생물학자들은 생물학적 사건의 자연 과정에서 선행 사건을 찾으면서 사건의 고리 속에 있는 유형들을 탐색한다. 신학자들은 동일한 일련의 사건들을 하나님의 목적과 성취라는 관점에서 기술한다.

3. 진화론에 대한 최근의 반대들

역사적으로 다윈의 진화론을 반대하는 주원인이 창세기와의 충돌 때문이라는 점을 내가 언급하지 않은 것에 의아할 것이다. 당연히 과거에는 그런 면이 있었다. 그러나 **무오류**한 성서를 **문자적**으로 읽어야 한다는 주장이 과거보다 오늘날 미국에서 더 중요해졌다는 점을 강조해야 한다. 특히, 이는 창세기 1장을 우주와 생명의 기원에 대한 역사적이고 과학적인 설명처럼 읽는 것을 의미한다.

현대의 일부 문자주의자들은 자신들의 견해가 본래의 성경 읽기 방법임을 우리가 믿기를 바란다. 그러나 그렇지 않다. 초기 기독교인들은 성경에 다양한 종류의 문학이 있다는 점을 인식하였다. 각 성서는 당연히 그에 맞추어 읽어야 한다. 무오류와 문자적 독해라는 개념은 성경의 역사 비평적 연구에 대한 반작용이며, 주류 개신교 내의 근대주의자와 근본주의자의 일부 논쟁으로 생겨난 것이다.

앞서 하나님의 활동과 관련하여 기술한 문제는 다윈 시대만큼 오늘날에도 중대한 사안이다. 일부 기독교인들은 과학이 생명의 기원을 설명할 수 있다면, 하나님이 생명을 창조했다는 주장과 자동으로 충돌한다고 생각한다. 나는 3장에서 하나님의 활동이 우리 시대에 놓인 가장 중요한 신학적 쟁점이라고 주장하였다. 사실, 그 점은 성경을 읽는 방식을 놓고 현대 기독교인들 사이에 나타나는 많은 불일치의 이면에 놓인 문제라고 본다.

이처럼 하나님의 활동에 관한 문제는 성경의 문자주의에 대한 논쟁보다 더 근본적이다. 즉, 하나님의 활동과 자연적 사건을 서로 배타적이라고 본다면, 계시를 하나님이 인간 역사에 직접 개입하는 것으로 이해하기 쉽고, 성경 텍스트 안에 나타난 인간적 특징에 충분한 주의를 기울일 수 없게 된다. 그러나 하나님의 활동이 자연과 역사적 과정 안에서, 그리고 그 과정을 통하여 발생한다고 정상적으로 이해한다면, 우리는 성경의 저자를 인간이면서 동시에 하나님으로 인식할 수 있다. 또한 자연스럽게 인간 저자들의 문맥과 의도를 고려한 읽기 전략으로 귀결될 것이다.

기독교인들이 진화론을 부정적으로 평가하는 또 다른 이유도 하나님의 활동과 연관되어 있다. 일부 기독교인들뿐 아니라 일부 과학자들과 철학자들도 자연 과정을 과학적으로 설명할 수 있으며, 이는 신학적 설명을 배제한다고 여긴다. 그 결과, 윌리엄 프로빈(William Provine)과 리처드 도킨스(Richard Dawkins) 같은 생물학자, 칼 세이건(Carl Sagan) 같은 우주론자, 그리고 대니얼 데닛(Daniel Dennett) 같은 철학자는 진화생물학으로 보면 종교적 주장은 거짓이라고 주장한다. 더 나아가 어떤 이는 '자연주의적 종교'(naturalistic religions)라 부르는 것을 발전시키기도 한다.

칼 세이건은 대중적 비디오 시리즈인 〈코스모스〉(*Cosmos*) 덕분에 이 분야에서 가장 잘 알려져 있다. 세이건은 밋밋한 구식 생물학과 우주론으로 시작하지만, 과학에서 도출된 개념을 사용하여 근본적으로 종교적 범주에 속하는 것들로 채워 나간다. 놀랍게도 이 범주들은 기독교의 개념적 구도와 평행을 이룰 만큼 잘 맞아떨어진다. 세이건은 궁극적 실재라는 개념을 가지고 있었다. "우주는 모든 것이다. 현재에도 있고, 과거에도 늘 있었고, 앞으로도 영원히 존재할 것이다." 그는 궁극적 기원도 설명한다. 바로 대문자 'E'로 표기하는 '진화'(Evolution)

다. 죄의 기원에 대한 설명도 있다. 이는 영토권(territoriality), 성 충동, 공격성을 담당하는 뇌 속 원시 파충류 구조다. 구원에 대한 그의 설명은 성격상 영지주의적으로, 그는 구원이 지식에서 비롯된다고 본다. 여기서 말하는 '지식'은 과학적 지식이고, 우리보다 진보한 지구 밖 생명 형태와의 접촉으로 진일보하리라 여긴다.[5]

과학의 계층 모델은 이 현상을 이해하는 데 도움이 된다. 나는 1장에서 과학은 과학 스스로 대답할 수 없는 경계성 질문을 제기한다고 주장하였다. 따라서 실재에 관해 지적으로 만족스러운 설명을 하려면 계층 모델 최상층부에 있는 궁극적 실재가 필요하다. 기독교인들은 당연히 신학으로 방향을 돌린다. 그러나 계층 모델 최상부에 인식 가능한 신학적 체계가 없다면, 채워지기를 요구하는 하나의 '빈 공간'이 생기게 마련이다. 세이건을 비롯한 다른 사람들은 새로운 과학적 종교를 창조하여 그 요구를 충족시킨다.

생물학은 특히 인간 생명의 의미에 대해 경계성 질문을 제기하며, 진화 과정은 여러 방식으로 우연에 지배받는다. 우주론적이고 진화론적인 역사가 재연되면서 매우 다양한 동물 종이 발생하는 것을 상상하기란 쉬운 일이다. 그러나 생물학이 우리에게 말해 줄 수 있는 것에 근거한다면, **호모 사피엔스**가 다시 진화할 것이라는 보장은 없다. 그렇다면 인간은 단지 놀라운 우주의 돌발적 우연이 아닌가?

기독교인들은 무신론적 세계관을 검토해야 한다. 그러나 그 목표는 진화론의 의심이 아니라, 진화 생물학의 정당한 주장이 종식되는 지점을 보기 위함이다. 즉, 과학 자체는 이 '복음 전도적 무신론자들'이

첨가한 종교적이고 형이상학적인 추측과 구별되어야 한다. 나아가 이런저런 과학 이론의 해석을 우리의 기독교 세계관 안으로 합병하기 위해 더 많이 노력해야 한다.

4. 급진적 종교 개혁파 신자의 현안

4.1 성경을 읽는 법

성경의 문자주의에 관한 논쟁은 급진적 종교 개혁파 신자들에게 주 관심사가 아니다. 또 그렇게 되어서도 안 된다. 존 하워드 요더(John Howard Yoder)는 아나뱁티스트 공동체의 성경 해석은 회중의 실천과 관련된 질문 속에서 이루어졌다고 말한다. 그는 다음과 같이 썼다.

> 성경의 권위를 확인하는 가장 완전한 틀은 성경의 문맥이다. 신자들은 구체적인 쟁점을 만나면, 증언하고 순종하기 위해 문맥을 따라 읽으며 성경의 지침을 사용한다. (교회에서 고립된) 신학자들은 사상의 체계 안에서 성경 텍스트를 서로 연결하고 텍스트를 해부할 수 있지만, 그런 점에 우리가 주의를 기울여서는 안 된다. 사도 바울이 말한 바와 같이 성경은 교훈과 책망과 바르게 함과 의로 교육하기에 유익하다.[6]

실용적인 성경 접근법은 사실과 과학, 그 밖의 것을 다루는 접근법과 극명한 대조를 이룬다. 그 접근법은 성경의 창조 이야기가 하나님의 백성을 위해 처음부터 기록되었는지, 아니면 전해 내려온 것인지, 무엇이 그들의 즉각적인 필요였는지 묻게 만든다. 많은 학자가 첫 번째 창조 기사(창 1:1-2:4a)는 바빌로니아의 창조 설화에 대한 반응으로 기록되었다고 동의한다. 기록 목적은 과학적이거나 역사적이기보다는 신학적이다. 어떤 짧은 요약으로도 이 아름다운 문학 작품을 정당하게 평가할 수 없지만, 그 가르침은 적어도 하나님의 전능하심과 창조의 선함에 대한 증거를 포함한다고 말할 수 있다. 성경의 창조 기사는 신들과 혼돈의 힘 사이에 벌어지는 투쟁의 결과로서의 창조를 묘사한 이교 서사시와는 대조적이다.

신약 학자 월터 윙크(Walter Wink)는 이교의 창조 설화가 전쟁을 용인하며 인간 삶에서 보이는 불의를 정상으로 간주하고 뒷받침해 준다는 점을 강조한다. 〈에누마 엘리시〉(*Enuma Elish*, 바빌로니아 창조 설화)는 대략 주전 1250년경에 만들어졌지만, 그보다 오랜 전승에 기원을 둔다. 이 설화에 따르면, 우주는 살해당한 여신의 몸에서 창조되었다. 신들은 지배와 전쟁이라는 본보기를 제시한다. 세계와 인간의 창조가 폭력으로 얼룩져 있기 때문이다. 게다가 우주가 창조되기 전의 혼돈 상태로 돌아가지 못하게 하려면, 전쟁과 지배가 필요하다.[7]

오늘날 주류 서구 문화에 중요성을 부여한 설화(說話)가 여기에 있다. 이 설화는 그리스-로마 신화에서도 반복되고, 아이들을 사회화하는 거의 모든 문학과 텔레비전 프로그램에서도 계속된다. 바로 폭력으로 질서를 유지하는 정의의 사도 이야기다. 이는 다음 장에서 다시 설명할 것이다. 현대의 많은 사회-과학 연구 조사에서는 사회 질서를 유지하려면 폭력이 필요하다는 점을 전제하고 있다. 불행히도 폭력은 주류 기독교에 매우 깊은 영향을 끼쳤는데, 아우구스티누스 이후 현대에 이르기까지 정당한 전쟁론 안에 얄팍하게 위장된 채 스며들어 있다.

성서가 진술하는 우주 기원의 실질적 의미는 우주 또는 인간 종족이 어떻게 존재하게 되었느냐에 대한 과학적 설명을 뒤엎자는 것이 아니다. 오히려 선과 정의, 평화의 가능성이 태초부터 우주 안에 올바로 세워져 있음을 확언하려는 것이다.

4.2 진화 윤리학

진화 생물학과 관련하여 실천에 주안점을 두는 급진적 종교 개혁파 신앙은 윤리적 접근에 천착한다. 나는 앞서 다윈의 진화론에 대해 역사적으로 (a) 진화론이 사회 진화론으로 이어졌는지, 아니면 (b) 탐욕스러운 자본주의가 자연에 대한 다윈의 그림에 영감을 주었는지에 의문을 제기하였다. 사건 순서가 어떻든 간에, 생물학은 현재 기독교 윤리학에 심각한 도전이다.

그 첫 번째 도전이 사회 생물학이다. 사회 생물학은 인간의 도덕성을 자연주의적으로 설명하려 든다. 예를 들어, 이타주의도 자연 선택의 산물로 설명한다. 즉, 이타적 행동은 동일 유전자의 많은 부분을 공유하는 가족 구성원에게 이로운 경우가 많으므로, 그 행동은 그들 **가계 유전자**의 생존 기회를 증가시킨다는 것이다. 이와 같이 이타적 행동과 같은 특성의 발달을 자연 선택으로 설명한다.[8]

이런 논의에서 내가 받은 인상은 저 현상을 설명하기 위해 채택된 윤리가 상당히 비기독교적이라는 점이다. 반대로 이것이 생물학적 세계의 윤리라면, 기독교 윤리는 결정적으로 반(anti) 생물학적이다. 우리 그리스도인은 생물학적으로 가장 가까운 사람들을 위해 희생하라고 명령받지 않았다. 그와 정반대다! 예수의 가르침은 놀랍게도 반(anti) 가족적이다. 그리스도인은 하나님의 새 가족, 즉 유대인과 이방인을 망라한 하나의 새로운 '종족'(race)에 충성의 우선순위를 둔다. 당연히 이 종족은 모든 인종을 포함한다. 특별히 보호할 누군가를 지목해야 한다면 그것은 오히려 '타인'(other), 즉 나그네 혹은 원수가 될 것이다.

진화론이 기독교 윤리에 위협을 가하는 두 번째 도전(그리고 이것은 비폭력을 가르치는 교회에 특별한 도전이다)은 다음과 같다. 하나님이 전 우주의 창조자시라면, 우리 삶을 위한 하나님의 성품과 뜻을 가리키는 표식을 성경뿐 아니라 자연 세계 안에서도 찾을 수 있어야 한다. 하나님의 계시는 두 개의 책, 곧 성경과 자연이다.

그러나 생물학자들은 현재 자연의 진화 과정에 나타난 특이한 '도덕적' 특징에 우리 주의를 환기시킨다. 우리는 자연의 '인정사정 보지 않는 치열한 경쟁'에 대해 얼마나 많이 들어왔는가? 그런데 그런 경쟁과 적자생존으로 그려지는 자연과 죽음까지 불사한 자기희생의 기독교 윤리가 어떻게 조화를 이룰 수 있겠는가? 우리 그리스도인이 하나님의 성품을 본받아야 한다면, 그런 피 흘림의 과정을 통해 창조하신 하나님을 과연 어떻게 생각해야겠는가?

앞 장에서 인간 본성에 관해 논의했지만, 인간의 독특성과 관련한 쟁점이 여기에서도 등장한다. 고대 그리스인들은 인간이 위로는 영적 존재, 아래로는 동물로 된 계층 구조에서 중간 위치를 차지한다고 생각했음을 앞서 지적하였다. 이들은 신적 영역으로 가는 '승차권'으로 불멸하는 인간의 영혼을 생각해 냈다. 또한 '불결한' 짐승들에게서 거리를 두는 방법에 대한 지혜로 윤리학을 구상하였다.

그러나 성서를 읽는 사람들에게 적당한 계층 모델에서는 이러한 일련의 점진적 이행이 필요하지 않다. 우리에게는 두 개의 기본적인 형이상학 범주가 있다. 바로 하나님과 창조물, 즉 하나님과 하나님 아닌 것이다. 이 도식에서 인간이 어느 곳에 속하는지는 분명하다.

홈즈 롤스톤(Holmes Rolston)은 인간과 다른 생물학적 세계의 연속성을 강조한다. 동시에 자기희생의 기독교 윤리와 진화론적 도덕을 조화시킨다. 삶에서 우리는 예수를 따라 살도록 부름받았고, 자연의 생물학적 영역에서도 하나님의 자기희생적 성품과의 유사성이 존재한다. 요컨대, 롤스톤은 포식자에서 하나님의 활동을 보는 것이 아니라 희생자에서 하나님의 활동을 보도록 가르친다. 그의 아름다운 글을 여기에 상세히 인용한다.

> 지구는 신의 창조물이자 섭리의 현장이다. 전체의 자연 역사는 고통까지 포함해서 하나님과 하나님의 활동 안에 담겨 있다. 단순하게 고통이 하나님에게서 나왔다고 말하기는 어렵지만, 고통은 궁극적으로 하나님의 계획이며 대속의 수단이다. 하나님은 고통을 흡수해서 선으로 바꾸신다.

롤스톤은 자연 자체를 '십자가'로 묘사한다. 우주는 낙원이 아니다. 우주는 고통과 수고를 통해 사물의 의미를 깨닫게 하는 무대다. "인생은 단지 사고하고 행동하는 것보다 고난을 겪으면서 진보하고, 논리와 더불어 비애를 통해 성장한다."

> 자연 속 슬픔의 요소는 실로 가장 깊은 논리적 수준에서의 하나님의 비애로 보인다. 하나님은 단순히 자애로운 건축가(Benevolent Architect)가 아니시다. 오히려 고통받는 구속자(Suffering Redeemer)이다. 전체 지구의 신진대사는 이런 고통스러운 특징을 갖는다고 이해해야 한다. 물질-에너지가 솟아나는 신성한 원천으로서 물리학에서 만나는 하나님은 생물학에서는 혼돈에서 생명을 구속하는 고난과 부활의 능력이시다.

따라서 롤스톤은 진실로 인생의 비밀은 자연 선택과 적자생존 안에 있지 않다는 생각을 내비친다. 오히려 "인생의 비밀, 그것은 예수의 수난이다. 존재하는 것은 비극 속에 소멸한다. 생물학이 그것을 재확인토록 환기하기 전에 종교는 이미 그 사실을 매우 잘 알고 있었다."

> 존재하는 것은 죽음과 함께 소멸하나, 희생당한 각 개체는 또한 삶이라는 강물 속에서 계속 흘러간다. 고통당하는 각 피조물은 다른 이들을 살리려고 자기 피를 흘리며 스스로 소멸시키는 제물의 계보를 이어 죄 없이 희생당하며 자기를 내어놓는다. 우리는 '무고한 자

들이 살육당한' 사례들을 안다. 예수께서 탄생하실 때, 죄 없는 아이들이 당한 살육은 도덕과 관계없이 자연에서 벌어지는 현상이다. 그것은 어쩌면 세상의 기초부터 죽임당한 무고한 어린양을 암시하는 삽화 사진이다. 그들은 신의 노역을 공유한다. 아름답고, 비극적이며, 영원히 미완성인 채, 그들은 하나님을 위해, 하나님의 슬픔에 참여함으로 예언한다. 그들 모두가 "우리가 받아야 할 고통을 대신 받고, 우리가 겪어야 할 슬픔을 대신 겪었다."

예수께서는 희생적 삶이 곧 풍성한 삶임을 제자들에게 예증하고 제시하셨다. "더 높은 무언가를 향해 줄곧 제물로 바쳐진 고통의 삶이며, 더 높은 무언가를 향해 고초를 겪을 능력에 관한 신성한 무언가가 그 희생의 삶 속에 있다"고 롤스톤은 말한다.

십자가가 만들어 낸 창조는 결국 경건한 하나님의 형상이다. 그것은 '분투함에도 불구하고'가 아니라 바로 '분투 자체'이기 때문이다. 그 분투 뒤에는 위대한 신적 '긍정'이 숨어 있고, 그 분투 안에는 모든 파괴하는 본성에 대한 '부정'이 있다. 생물학적 피라미드 최상층부의 지적 합리성과 감성으로 향하도록 이끄시는 하나님은 또한 희생을 대가로 생명을 살리는 모든 행위 안에서, 그 행위와 더불어, 그 행위 아래의 자애로움으로 이끄신다.

기독교 신앙은 하나님이 고통에서 우리를 구출하시는 동안, 하나님 자신도 신적 목적을 이루기 위해 고통을 회피하지 않으신다고 가르친다. 십자가의 패러다임에서 보듯이, 피조물이 더 풍성한 삶을 얻도록 피조물 못지않게 하나님도 고통을 당하신다.[9]

고통에 대한 이러한 해석은 그리스도인의 고통을 일반적으로 죄의 형벌로 보지 않는 아나뱁티스트의 사고와 일치한다. 오히려 죄악 된 세상 한복판에서 하나님께 순종하는 삶은 그리스도의 구속에 참여하는 것이다. 한스 후트(Hans Hut)는 선언하였다. "십자가에 못 박히신 그리스도의 복음은 어떻게 그분이 우리를 위해 고난받고 죽기까지 하늘 아버지께 복종하셨는지를 나타낸다. 동일한 방식으로 우리는 우리 위에 놓인 모든 것을 그분을 위해 감수하며, 죽기까지 그리스도의 뒤를 따라야 한다."[10]

몇몇 초기 아나뱁티스트 작가가 인간 고통에 대한 이런 설명을 확장해서 '모든 피조물의 복음'까지 포함한 것은 흥미롭다. 후트는 동물의 고통과 다른 생명체의 멸종은 고통을 통한 구속의 유형과 일치하며, 각 피조물은 십자가에 못 박히신 그리스도의 복음을 자신의 방식으로 전한다고 가르쳤다.[11] 롤스톤의 저서들과 같은 방향을 나타내는 것이 인상적이다.

4.3 일관된 세계관

존 하워드 요더는 예수의 사역이 사회 윤리적, 역사적 의미뿐 아니라 **우주적** 의미를 지닌다고 주장한다.

예수를 따르는 일은 이 땅에서 효율성을 포기함을 의미하지 않는다. …… 그것은 예수 안에서 어떤 종류의 인과론, 어떤 종류의 공동체 건설, 어떤 종류의 갈등 관리 방식이 우주의 곡식 낟알과 어울리는가에 대해 실마리를 갖는 것을 의미한다. 가이사는 주님도, 말씀도 아니며, 예수께서 (존재하는 사물들의 내적 원리인) 말씀이시며 ("보좌 우편에 앉으신") 주이심을 우리는 안다. 기계론적 우주로 시작한 뒤, 약간의 창조적 자유가 스며들 틈새를 찾는 것(그렇게 해서 하나님에게 영광을 돌리려는 것)이 아니다. 예수를 따르는 것은 결정론적 세계가 부활하시고 승천하신 하나님의 주권보다 작으며, 그 안에 포함된 것임을 고백하는 일이다.

'십자가와 부활'은 1세기 예루살렘에서 벌어진 단 며칠의 이야기만은 아니다. 그것은 우주의 모습을 결정하는 전 우주적 사건이기도 하다.[12]

요더는 요한복음에 나오는 1세기의 우주적 언어가 자연 세계보다는 형이상학적이고 종교적인 배경에 속한 사회 정치적 세계라고 말한다. 그러나 요한복음 도입부에서 전하는 그대로가 사실이라면, 존재하는 모든 것이 예수의 말씀(존재하는 사물들의 내적 원리)으로 생긴 것이라면, **물리적** 우주에 대한 견해에 어떤 차이를 만드는지 묻지 않을 수 없다.[13] 예수의 십자가와 부활에서 드러난 하나님 이해가 현대 자연 과학에는 어떤 의미가 있을까?

급진적 종교 개혁파 신학에서 도출된 자기희생과 비폭력의 윤리가 사회 과학과 일관될 수 있는지는 다음 장에서 논의하겠다. 사회 과학은 우리의 신학이 바라보는 인간의 사회성과 대립하는 관점을 포함하고 있기에 그 작업이 녹록치는 않다. 여기서는 자연 과학이 하나님과 인간의 삶, 그리고 다른 창조를 통합해서 설명하는 몇 가지 방식을 이야기해 보고자 한다.

물질적 우주를 궁극적 실재로 보고 우리의 존재를 단순히 놀라운 우연적 사건으로 보는 견해와 대조되는 하나님의 이야기를 하려 한다. 제임스 맥클랜던의 말이다.

> 하나님은 진실로 모험적 사건의 토대이시고, 사회 그물망의 직조자이시며, 자연을 구체화하는 거룩한 원천이시다. 한 분이자 유일하신 하나님은 자신의 의지로 시간의 시작과 더불어 세상의 질서 정연한 [우주의 미세한 조정] 구조 안에 우리 인간을 포함하기를 결정하셨다. 우리 인류는 [진화 과정을 겪으며] 자연적 틀과 기초를 획득하였고, 공동체를 향한 강한 경향성을(그것이 우리 자신의 것인 양) 가지게 되었으며, 모험과 창조를 향한 열망을(이 또한 우리 것인 것처럼) 갖게 되었으나, 오래 못 가서 우리가 곤경에 처했음을 알게 되었다. 낯선 경험을 좋아하는 성향이 우리로 길을 잃게 했다. 하나님이 처음에 의도하신 진취성과 사회성과는 동떨어진 채, 한 공동체로 뭉치려는 욕구는 기괴한 제국이라는 이질적인 것을 낳았다. 자연과의 연속성을 지닌 인간은 우리를 그렇게 만든 원인이 무엇이든 간에 우리 자신을 경멸하는 핑곗거리로 삼았다. 우리는 죄를 짓는다. 하나님은

계속되는 사랑의 배려와 무한한 지혜와 수단을 동원하시면서 우리 가운데 새로운 인간 사회의 토대를 세우셨다. 그분은 인내심을 가지고 계속 사자를 보내셨고, 자신의 백성이 자기 길을 버리고 그분의 길로 돌아오도록 부르셨다. 그분이 세상에 보내신 최고의 빛난 기회의 빛은 바로 그분 자신이었다. 그분은 화려한 팡파르도 없이 은밀하게, 모든 관계망의 근본인 분이 관계망의 마치 한 가닥인 것처럼, 모든 모험의 토대이신 분이 모든 위험을 무릅쓰고 창조주가 만드신 세계 안으로 오셨다. 그분의 목적은 순전한 사랑, 그분의 방법은 순수한 믿음, 그분의 약속은 막을 수 없는 소망이다. 그 사랑으로 사랑의 삶을 사셨고, 그 믿음으로 충성스러운 죽임을 당했으나, 그분은 그분의 길을 따르는 백성, 즉 새롭게 모이고 새로이 구비된 이들의 소망이 되도록 죽음에서 다시 일어나셨다. 그 남은 이야기는 여전히 그분의 것이다. 또한 우리 이야기이자 당신의 이야기다.

이것이 기독교 신앙의 근본적인 사랑 이야기다. 이외에 낱낱이 다 말하자면 모든 설명, 모든 단어를 동원하고 사용해도 다함이 없을 (요 21:25) 이야기를 간추린 것이다. 외부인에게는 틀림없이 신화 중의 신화이겠으나, 우리에게 이 이야기는 신화가 아니라 있는 그대로의 사실을 말하는 유일한 방법이다.[14]

맥클랜던은 그리스도인의 사랑 안에 있는 신실하고 대가를 지불하는 대속적 고난이 하나님의 이야기와 하나님의 공동체를 이어 주는 필수 요소라고 강조한다. 자연 세계에까지 이런 인식을 확장하자는 점에서 나는 롤스톤과 후트와 같은 생각이다. 유비적으로 말한다면, 지각이 있는 모든 존재는 하나님이 창조하셨기에 하나님이 아닌 존재이고, 하나님과는 다른 존재이기에 고난당할 수밖에 없다. 우리는 그저 느리고 더딘 하나님의 고역을 통해서, 전적 타자인 분으로 우리에게 다가오시는 하나님을 통해서 그분과 더욱 친밀해진다.

이 이야기에 비추어 보면, 태초부터 충분한 시간과 복잡성을 가진 우주 안에서 한 종(a species)이 하나님의 '형상'을 닮아 가는 능력을 갖추도록 진화하게 하려고, 하나님이 의도적으로 우주 상수를 정교하게 조율하신 것으로 볼 수 있다. 하나님의 형상을 닮아 가는 능력이란, 우주 그 자체 설계의 미묘함을 (희미하게 더듬거리며) 감지하는 것뿐 아니라, 예수의 본을 따라 하나님의 도덕적 성품을 닮아 가는 것도 포함한다.

이 형상은 창조 과정의 어떤 순간에 물리적 우주 안으로 끼워 넣은 비물질적 영혼에 의존하지 않는다. 오히려 그 형상은 물리적 존재의 증가된 복잡성에서 출현한 것으로, 지능, 자유, 사회적 유대를 가능케 한다. 하나님의 형상은 우리가 예수의 삶을 본받을 때 나타난다. 그분은 자신이 하나님의 특권을 가졌다고 생각하지 않으시고, 스스로 낮추셔서 모든 이의 종이 되셨다(빌 2:6-8 참조).

사람들이 제 힘으로 서게 하려고 역사의 유일한 결정자로서 지닌 능력을 희생시키신 하나님을 사회적 관계 속에서 본받도록 우리는 부름받았다. 이러한 자기희생은 고귀하고 때때로 생명을 빼앗길 수도 있으나, 창조를 위한 하나님의 계획은 현세에서 끝나지 않을 것이라고 확신한다. 창조를 위한 하나님의 계획은 예수의 부활로 예시된 변화

속에서 완수될 것이다.

5. 요약

존 위즈덤(John Wisdom)의 짧은 우화는 종교 철학 분야의 고전이 되었다.

> 오랫동안 버려진 정원에 들어온 두 사람이 잡초 사이에서 놀랍게도 잘 자란 오래된 초목 몇 그루를 발견한다. 한 사람이 다른 사람에게 말한다. "틀림없이 정원사가 들어와서 이 초목들을 가꾸었을 거야." 그들은 주위에 물어보지만, 이웃에 있는 누구도 이 정원에 들어와 일하는 사람을 본 적이 없다. 첫 번째 사람이 다시 말한다. "그렇다면 아마 그 정원사는 이웃 사람들이 잠든 사이에 와서 일했을 거야." 그러자 두 번째 사람이 말한다. "정원사가 일하는 소리를 들은 사람이 있을 거야. 이 잡초들이 더 자라지 않은 걸 보면 초목을 돌본 사람이 있을 테니까." 다시 첫 번째 사람이 말한다. "초목들이 줄지어 서 있는 것 좀 봐. 분명히 어떤 의도가 있고, 미적 감각도 있어. 아무도 본 사람이 없다지만, 틀림없이 누군가 계속 왔을 거야. 자세히 볼수록 그 사실을 확인할 수가 있어." 그들은 정원을 주의 깊게 살펴보고 이따금 정원사가 왔다 간 사실을 나타내는 새로운 사실들을 발견한다. 어떤 때는 정반대로 아무도 돌보지 않은 듯한 사실들도 발견하고, 심지어 누군가 악의적인 사람이 왔다 간 것 같은 모습도 발견한다. ……[15]

이 이야기를 통해 이번 장의 주제를 요약하고자 한다. 이 우화에서 우리는 두 가지 수준의 묘사 형태를 구분할 수 있고, 세 번째 묘사는 암시적이다. 정원에서 그들이 본 초목과 잡초의 두 가지 모습은 순수하게 '식물학 용어'로 묘사될 수 있었다. 예를 들면 다음과 같은 묘사다. "장미꽃이 잘 자라 있었으나, 붓꽃 모판은 잡초로 꽉 차 있다."

그보다 상위 수준의 묘사도 있는데, 나는 이를 '미학적 수준'이라고 부를 것이다. 식물학 용어에 기초하지만, 식물학적 용어로 결정되지 않는 수준이다. "초목들의 배열이 미적 감각을 나타내 보인다"와 같은 것이다.

마지막은 '지향적 수준'의 묘사라 지칭할 것인데, "틀림없이 어떤 정원사가 이 초목들을 손질했다"라는 묘사다.

마찬가지로 자연 세계를 묘사할 때도 물리학에서 우주론까지, 생물학에서 사회 과학까지 다양한 수준이 있다. 다음 장에서는 윤리학에 관한 설명을 논의할 것인데, 그것은 **목적**에 관한 통찰에 기초하고 신학과의 연관성을 제공한다. 또는 궁극적 실재에 관한 **모종의** 설명과 연관되어 있다. 이번 장에서 우리의 관심은 진화 생물학이다.

여기서 세 가지 수준의 묘사 방식을 구분하는 것은 중요하다. 진화 생물학 자체는 가장 아래 층위에 있는데, 좀 더 복잡한 생물 형태의 점진적 출현에 관한 이야기다. 이 설명은 도덕적 수준의 묘사를 위한 기초를 제공하나, 도덕적 수준의 묘사를 결정하지는 않는다. 생물학 세계의 도덕성에 관해 매우 다른 두 가지 설명이 진화를 사실로 해석하는 데 사용될 수 있음을 강조하였다. 사회 진화론의 설명은 생존 경쟁,

즉 인정사정 봐주지 않는 자연을 강조하고 그 자체를 선이라 표명한다. 나는 우리가 포식자와 동일시되어서는 안 되고, 오히려 먹이와 동일시되어야 한다고 강조하였다. 그리고 그곳에 하나님의 어린양이 예표되어 있다.

이런 도덕적 설명은 각각 여전히 더 상위 수준의 묘사에 의존하는데, 바로 궁극적 실재에 대한 설명이다. 물질주의자에게는 우주적 과정 자체가 궁극적이다. 그러나 우리에게는 더 장구한 이야기가 있다. 빅뱅이 있기 전부터 시작되어 물리적 우주론자가 예상하는 다양한 종말을 넘어 계속되는 이야기다. 그 이야기의 매력을 말하려면 “모든 설명, 모든 단어를 다 동원해야 한다”(요 21:25 참조).

6장

급진적 종교 개혁파 신학과 사회 과학

∞

예수께서 무리를 보시고, 산에 올라가 앉으시니, 제자들이 그에게 나아왔다. 예수께서 입을 열어서 그들을 가르치셨다.
"마음이 가난한 사람은 복이 있다. 하늘나라가 그들의 것이다.
슬퍼하는 사람은 복이 있다. 하나님이 그들을 위로하실 것이다.
온유한 사람은 복이 있다. 그들이 땅을 차지할 것이다.
의에 주리고 목마른 사람은 복이 있다. 그들이 배부를 것이다.
자비한 사람은 복이 있다. 하나님이 그들을 자비롭게 대하실 것이다.
마음이 깨끗한 사람은 복이 있다. 그들이 하나님을 볼 것이다.
평화를 이루는 사람은 복이 있다. 하나님이 그들을 자기의 자녀라고 부르실 것이다.
의를 위하여 박해를 받은 사람은 복이 있다.
하늘나라가 그들의 것이다.
너희가 나 때문에 모욕을 당하고, 박해를 받고, 터무니없는 말로 온갖 비난을 받으면, 복이 있다. 너희는 기뻐하고 즐거워하여라. 하늘에서 받을 너희의 상이 크기 때문이다. 너희보다 먼저 온 예언자들도 이와 같이 박해를 받았다"(마 5:1-12, 새번역).

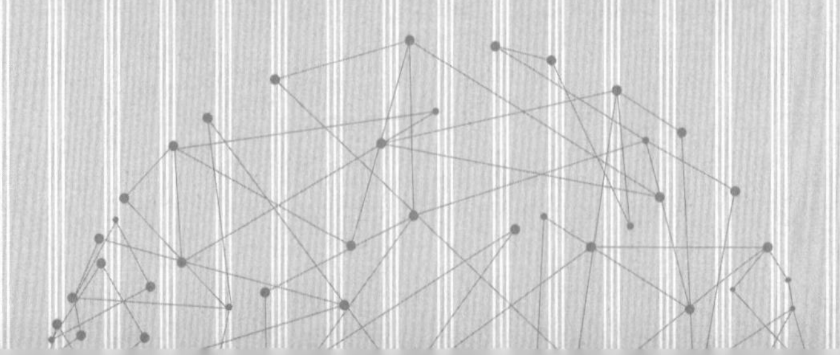

1. 급진적 기독교

나는 아나뱁티스트 또는 급진적 종교 개혁 전통의 기독교로 개종하였다. 미카엘 자틀러(Michael Sattler)[1]의 전기를 읽고 변화되었는데, 자틀러 역시 나처럼 한때 가톨릭 신자였다. 후에 그는 급진적 종교 개혁을 시작한 스위스 형제단(Swiss Brethren)의 작은 모임에서 가장 중요한 지도자 중 한 사람이 되었다. 그는 두 가지 사건으로 잘 알려져 있다. 첫 번째는 스위스와 독일 국경 근처의 슐라이트하임 마을에서 개최된 회의에서 그가 행한 역할이고, 두 번째는 그의 죽음이다.

슐라이트하임 신앙 고백은 아나뱁티스트의 독특성, 곧 다른 개신교와 구별되는 지점을 제시한다. 그 7가지 특징은 다음과 같다.

1. 세례는 신자들에게만 허락된다.
2. 뉘우치지 않는 죄인은 징계를 받고, 필요하면 회중으로부터 출교시킨다.
3. 주의 만찬은 세례를 받고 다른 사람들과 화평하게 지내는 사람들에게만 허락한다.
4. 교회는 세상으로부터 분리되어야 한다.
5. 목자(목사)는 회중 가운데서 선출되어야 한다
6. "칼(폭력)의 사용에 관해서" 교회의 징계는 출교 외에 다른 수단으로 처벌하지 말아야 하며, 전투에 참여하거나 폭력이 수반되는 다른 시민적 의무에 참여해서는 안 된다.

7. 그리스도인은 정부에 충성 맹세를 해서는 안 된다.

슐라이트하임 모임 후 곧바로 자틀러는 투옥되었고, 이단이라는 혐의로 처형되었다.

판사들이 재판정에서 낭독한 판결문은 다음과 같다. "미카엘 자틀러에 대한 황제 폐하 측 검사의 선고를 따라, 사형 집행자는 그를 광장으로 데리고 가서 혀를 자른 다음, 사슬로 4륜 마차에 묶고 달아오른 부젓가락으로 살점을 두 번 후벼 파낸 후 문 앞에서 다시 다섯 번 더 살점을 파낼 것이다." 이렇게 처벌한 후 그를 이단자로서 화형에 처하고 가루로 뿌린다. ……
[1527년] 5월 20일, 자틀러는 장터로 끌려 나가 판결문에 있는 대로 처형되었다. 혀가 잘리고 수레에 묶인 다음, 평결에 따라 달군 부젓가락으로 살점이 찢긴 후 불에 태워졌다. 그런데도 그는 처음 광장에서도, 그다음 형 집행 장소에서도 자신에게 위해를 가하는 사람들을 위해 하나님께 기도하였다. 주위 사람들에게도 박해자들을 위해 같이 기도하도록 권면하였다. 마침내 그는 이렇게 말했다. "전능하시고 영원하신 하나님, 당신은 길과 진리이십니다. 어느 사람으로부터 달리 배우지 않았기에, 당신의 도움으로 오늘 저는 그렇게 진리를 증언하려 합니다. 그 진리에 저의 피로 서명하겠습니다."[2]

예수께서는 "평화를 이루는 사람은 복이 있다. 하나님이 그들을 자기의 자녀라고 부르실 것이다. 의를 위하여 박해를 받은 사람은 복이 있다. 하늘나라가 그들의 것이다. 나 때문에 모욕을 당하고, 박해를 받으면 복이 있다"고 말씀하셨다. 내가 자틀러의 형 집행에 대해, 그리고 개신교와 가톨릭이 똑같이 하나님의 이름 아래 자행한 많은 일에 대해 읽었을 때, 예수께서는 죽이고 고문하는 자의 편이 아니라 죽어 가는 자의 편에 서 계신다는 사실이 내게 매우 분명해졌다. 내가 그 끔찍한 날에 살아 있었다면, 어느 편에 있어야 했을지도 분명했다.

그것이 내가 어릴 적부터 성장했고 깊이 사랑했던 가톨릭교회를 떠난 이유다. 다양한 '신자들의 교회'(believers churches)를 찾아다니며 방황한 끝에, 결국 나는 지금의 형제단 교회에 소속되었다. 아나뱁티스트 계열의 이 공동체는 최초의 급진적 종교 개혁 이후 거의 두 세기가 지나 독일에서 출현했으나 메노나이트 교회들과 동일한 가르침 위에 결성되었다.

아나뱁티스트의 많은 특징이 지금은 교회 대부분에 보편적이다. 많은 교회가 신자에게 세례를 행한다. 목회자는 국가가 임명하기보다 회중의 동의로 선출된다. **모든** 교회는 사람들을 강제로 '좋은 그리스도인'이 되게 하려고 칼이나 벌건 부젓가락을 사용하거나 물에 빠뜨려서는 안 된다는 점에 동의한다. 그러나 국가를 수호하기 위해 칼을 들어야 할 의무가 있느냐에 대해서 아나뱁티스트는 다른 많은 기독교 교회와 의견을 달리한다.

2. 신학과 과학의 갈등과 조화

지금까지 이 책에서 나는 과학과 기독교는 대체로 비갈등적이라고 설명하였다. 기독교가 부흥하려면 현대 생물학을 패배시켜야 한다는 창조론자의 견해를 지지하지 않았다. 그보다는 3장에서 제시하였듯이, 생명의 기원에 관한 진화론적 설명을 받아들여서 우주의 진화 과정이 발생하기 위한 필요조건을 연구한다면, 하나님이 우주를 창조하셨다는 더 매혹적인 증거를 발견할 것이다. 이사야의 말대로 하나님은 우주를 혼돈 상태로 창조하신 것이 아니라, 사람이 살 수 있도록 우주 상수를 계획하신 완전한 조율사시다.

따라서 신학과 **자연** 과학은 상호 긍정의 관계다. 기독교 교리는 과학적 우주론의 가장자리에서 생기는 경계성 질문에 답한다. 도대체 왜 하나의 우주가 존재하고, 수십억의 수십억 배만큼 많은 가능성 중 이 우주는 유독 사람이 살기에 적합한가? 단지 하나님의 창조 활동 때문이라는 가설은 우주의 정교한 조율뿐 아니라 다른 많은 사실에 대해서도 가장 빈약한 설명이기 때문에, 그것은 과학적 증거에 의해서 확인되어야 한다.

나는 1장에서 과학과 기독교가 갈등을 일으킬 수 **없다고** 주장하지는 않았다. 두 세계 관점에서처럼 과학과 기독교가 서로 분리되어 있다면 갈등조차 없을 것이다. 그러나 종교와 과학이 상호 작용할 수 있다면, 그 둘이 서로 갈등도 있을 수 있다는 뜻이다. 기독교와 **사회** 과학 사이에는 두드러진 갈등이 많다. 성경에서 그 충돌을 찾아볼 곳은 창세기의 창조 이야기가 아니라 산상 설교다.

3. 과학의 계층 모델에서의 윤리학

이 주장을 입증하기 위해서는 내가 제시한 과학의 계층 모델 안에 또 다른 학문 분야를 도입해야 한다. 다름 아닌 윤리학이다. 나는 윤리학을 신학과 사회 과학 사이에 두고자 한다. 그러면 다음 그림이 만들어진다.

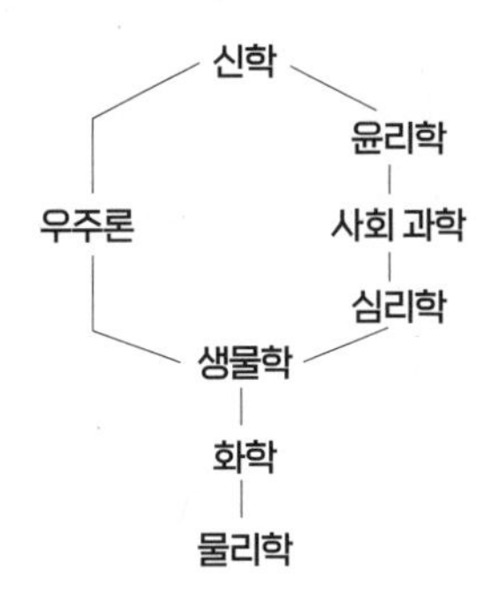

사회 과학은 사회 질서와 정치 질서, 시민적 정의 등의 관점에서 무엇이 인간 삶에 좋은지에 관한 많은 가설을 만든다. 또한 인간이 어떤 종류의 선을 성취하는 것이 **가능한가**를 추정한다. 나는 이 점들에 관해 좀 더 설명하려 한다.

'인간 사회가 추구해야 할 궁극적 선은 무엇인가'라는 문제는 윤리적 질문이다. 이 질문에 대해서는 사회 과학 스스로 답을 결정할 수 없다. 사회 과학은 자기 분야 안에서 생긴 문제에 대해 만족할 만한 답변을 할 수 없기에 윤리학이 필요하다. 이는 또 하나의 경계성 질문, 곧 계층의 어느 한 층위에서 생겨났으나 그보다 상위 층위에서 답해야 하는 질문이다.

이외에도 신학은 윤리학과 사회 과학 둘 모두에 하향식 영향을 끼친다고 주장하고자 한다. 특히 메노나이트, 형제단, 퀘이커 교도들이 이해한 예수의 가르침은 인간의 선을 위한 가능성에서 다른 기독교 교파와는 근원적으로 다른 견해를 제시한다. 급진적 종교 개혁파는 그 가르침에 비추어 사회 과학 안에서 윤리적 가정을 질문한다.

논의에 앞서 신학과 윤리학, 사회 과학의 상호 관련성에 대해 내가 여기서 제시할 견해는 철학적 이설(異說, heresy)임을 밝힌다. 현대의 지적 세계에는 두 가지 교의(dogma)가 깔려 있다. 이른바 사실과 가치의 구분과, 지적 세계에서 하나님을 배제하는 것이다. 즉, 지적인 추구에서 하나님의 존재는 전혀 고려해서는 안 된다는 주장이다.

사실과 가치의 구분은 어느 한 존재(an is)로부터 당위(ought)를 도출할 수 없다는 슬로건에 명시되어 있다. 여기서 논점은 윤리나 도덕의 영역에 속하는 판단과, 세계의 존재 방식에 관한 진술, 이 둘 사이의 관계다. 현대 교의는 둘로 구분된 뚜렷한 영역이 있다고 말한다. 그리고 도덕 영역은 논리적으로 다른 것에 의존하지 않고 자율적이다.

위대한 계몽주의 철학자 이마누엘 칸트는 과학과 윤리의 이분법을 공식화하는 데 도움을 주었다. 그는 그 두 주제뿐 아니라, 두 개의 추론 능력, 즉 순수 이성과 실천 이성을 구분하였다. 둘로 구분한 칸트의 동기 중 일부는 인간의 자유를 수호하려는 것이었다. 즉, 뉴턴 과학의 결정론에서 인간의 의지를 보호하기 위해 그는 물리학 법칙의 지배를 받는 현상계(phenomena)와 자아를 포함한 '물자체'(noumena)의 영역을 구분해야 한다고 믿었다. 그는 과학의 관점에서 윤리학을 논하는 것은 절대적으로 불합리하다고 주장하였다.

따라서 도덕의 체계적 연구인 윤리학을 과학이라는 실증주의적 계층에 놓아서는 안 된다는 칸트 철학은 승리하였다. 그러나 이런 사고 전개에 부정적인 면이 나타났다. 윤리학은 윤리적 논쟁에 판정을 내려줄 고유의 견고한 합리적 기초가 있다고 칸트는 믿었으나, 실제로는 그렇지 못했다. 모든 것을 아우르는 세계관과의 논리적 연결이 끊어진 채, 윤리학은 점점 해체되어 갔다. 그 결과 중 하나가 현재 우리 사회가 경험하는 끔찍한 도덕적 상대주의다.

4. 학계의 하나님 배제

후기 근대 사상에서 마찬가지로 중요한 특징은 학계에서 하나님을 배제하는 것이다. 종교 계열 강좌가 없어졌다거나 많은 교수가 불신자라는 뜻이 아니다. 하나님에 관한 개인의 믿음은 자연 과학이나 사회 과학의 어떤 견해에도 영향을 주어서는 안 되는 사적인 문제로 간주하는 것이다.

이런 현상을 철학자 브뤼노 라투르(Bruno Latour)는 다음과 같이 말한다. "자연법칙에 하나님이 간섭하지 못하도록 하듯이 공화국의 법에 하나님이 간섭하지 못하게 하는 데 동의하지 않는 사람은 그 누구도 참된 근대인이 아니다." 이처럼 "삭제된 하나님이 자연과 사회 둘 다에서 멀어졌음에도 여전히 하나님은 내세울 만하고 유용했다. 영성이 새로운 상황을 창출하면서 다른 모습으로 나타난 것이다"라고 라투르는 말한다.

> 전능한 하나님은 외적인 일에 개입하지 않고도 사람의 마음 깊숙한 곳으로 강림하실 수 있었다. 전적으로 개인적인 동시에 전적으로 영적인 종교는 하나님을 자연과 사회 어느 곳으로 끌어들이지 않고도 과학과 사회의 우위 모두를 비판하는 것을 가능케 하였다. 근대인들은 세속적임과 동시에 종교적일 수 있었다.[3]

사실상, 후기 근대 세계는 학자에게 서로 독립적인 세 가지 봉인된 구획을 제공하였다. 바로 과학, 도덕, 종교다. 내 주장은 앞서 말한 두 가지 현대 신조와 첨예하게 대립한다. 이 세 영역을 서로 연관 지어야 한다. 사회 과학은 윤리학만이 답할 수 있는 질문을 제기하지만, 윤리학 자체는 신학이 필요하다. 예수 안에 드러난 하나님의 계시가 없다면, 우리는 무엇이 인간 삶의 궁극적 목적인지 알 길이 없으며, 인간이 달성하기 위해 합리적으로 추구하는 최고선이 무엇인지 알 방법도 없다.

따라서 이제 사회 과학, 윤리학, 신학의 관련성을 좀 더 세밀하게 살펴보자.

5. 사회 과학, 윤리학, 그리고 신학

사회 과학에 속한 학문은 보통 '가치-중립적'이고 또 그래야 한다고 주장한다. 그 학문은 사회적 실재를 단지 있는 그대로 기술하거나, 기껏해야 제한된 수단-목표의 산출식을 만드는 정보를 제공하는 정도다. 예컨대, 공급 과잉이나 공급 부족을 피하고 싶다면, 자유 시장 경제라는 제도를 마련해야 한다. 그러나 윤리적 관점이 이미 그 사회 과학 안에 혼재해 있다는 인식이 이제는 점점 상식이 되고 있다.

5.1 폭력의 필요에 대한 가설

사회학 이론에서 윤리적 가설의 역할에 대한 사례로 사회에서 폭력적인 강제력이 필요하다는 근대적 관점을 살펴보자. 이 가설은 초기 근대 철학자 토마스 홉스(Thomas Hobbes)까지 거슬러 올라간다. 홉스는 사회적 계약을 맺는 것보다 만인에 대한 만인의 투쟁이 자연의 본성이라고 주장하였다. 그에 따르면, 군주는 이러한 사회 질서를 유지하기 위해 사형을 부과할 권리를 가져야 한다.

그 후 다양한 사회 이론가가 사회를 유지하기 위해 강제력이 필요하며, 폭력은 단지 강제력의 최종 형태일 뿐이라고 주장하였다. 예를 들어, 정치와 폭력의 관계에 대한 막스 베버(Max Weber)의 고전적 진술이 그의 에세이 "소명으로서의 정치"(Politics as Vocation)에 실려 있다.

궁극적으로, 근대 국가는 사회학적으로만 보면 나름의 독특하고도 특이한 **수단**이라는 관점으로 정의할 수 있다. 즉 모든 정치적 연합과 관련해서 물리적 힘의 사용이라는 수단이다. …… 국가란 사람이 사람을 지배하는 관계, 정당한 …… 폭력이라는 수단으로 지탱되는 관계다.[4]

신학자이며 윤리학자인 라인홀드 니부어(Reinhold Niebuhr)가 자신의 책 「도덕적 인간과 비도덕적 사회」(*Moral Man and Immoral Society*, 문예출판사 역간)에서 개진한 주장은 한 세대의 정책 입안자들에게 영향을 끼쳤다. 기관이나 단체는 자신의 생존을 위해 소속된 사람들에게 개인이라면 하지 않을 일(도덕적으로 정당화되지 않는 일)을 하도록 요구한다. 니부어의 논지는 그의 통찰에 걸맞게 '기독교 현실주의'라는 별명이 붙여졌다. 「도덕적 인간과 비도덕적 사회」 서문에서 그는 다음과 같이 말한다.

이 책에서 상술할 논지는 개인의 도덕적이며 사회적 행동은 국가, 인종, 경제적 이해 집단과 같은 사회 집단의 도덕적이며 사회적 행동과 뚜렷하게 구별해야 한다는 것이다. 그리고 이런 구별은 개인 윤리로 보면 당혹스럽게 느낄 정치 정책들이 사회 집단 안에서는 필요하다는 것을 정당화시킨다. …… 모든 인간 집단에는 충동을 올바로 이끌고 조절하는 이성적 판단과 자기를 초월하는 도량과 다른 사람들의 필요를 이해할 능력이 결여되어 있다. 따라서 인간 집단은 그 집단을 구성하는 개인보다 더 제어되지 않은 이기심을 사람과의 관계에서 드러낸다. …… 제국주의 형태든 계급 지배 형태든 간에

> 집단적 권력이 약자를 착취할 때, 그에 대항할 힘을 키우지 않으면 집단 권력이 제자리에서 내려오게 할 수 없다.[5]

더욱이 사회학자 피터 버거(Peter Berger)는 사회가 그 안에 내재한 분열적 요인으로 파괴되지 않으려면 강압적 요소가 불가피하다는 점에 동의한다. "어떤 정치적 질서에서도 폭력은 궁극적 기초다"[6]라고 그는 말한다.

나는 사회 과학 안에서 발견되는 윤리적 가설의 사례를 제시하였다. 그런데 이것이 왜 윤리적 가설인가? 니부어가 말한 대로, 그것은 인간 행동의 법칙, 단순히 경험적 사실의 진술 아닌가? 그러나 내가 인용한 이론가인 니부어가 기독교 윤리학자라는 바로 그 점은 지금 우리가 순수한 사회적 사실만 다루고 있다는 점을 의심하게 만든다.

비강제적이고 비폭력적인 사회 구조의 가능성은 인류를 위한 최고의 선이 무엇인가라는, 선행하는 윤리적 판단에 의존한다는 것이 니부어의 관점이다. 인간의 선에 관한 이러한 견해는 결과적으로 특정 신학적 교리의 결과다. 니부어는 이렇게 썼다.

> 이타심보다는 정의가 [사회의] 가장 높은 도덕적 이상이다. …… 현실적인 사회 윤리는 종교적 이상주의 윤리와 대조해야 한다. …… 사회는 가장 도덕적인 사람들이 도덕적으로 승인할 수 없는 자기 과시, 저항, 강요, 분노 같은 수단들을 어쩔 수 없이 사용하면서라도 정의를 추구해야 한다.[7]

정의가 인간 역사에서 합리적으로 기대할 수 있는 최고의 선이라는 니부어의 판단은 결국 그의 종말론, 즉 역사의 끝에 관한 신학적 견해에 기초한다. 그는 구원, 하나님 나라, 종말은 근본적으로 역사 **저편에** 존재한다고 믿었다. 그가 왜 이런 종말론적 견해를 주장하였을까? 그는 유한과 무한, 순간과 영원 사이의 관계라는 관점에서 문제를 규명하려 했다. 영원한 분이 순간 안에서 실현된다는 것은 상상할 수 없기에, 하나님 나라는 역사 **저편에** 있다고 결론 내린 것이다. 이는 곧 죄의식과 도덕적 모호성이 중간기 삶에서 영구적인 특징이 되어야 함을 의미한다.

베버의 정당성 또한 명백히 윤리에 관한 문제다. 베버의 정당화는 '궁극적 목적의 윤리'와 '책임성의 윤리'를 구별하는 데 기초한다. 궁극적 목적의 윤리는 동기와 수단이 모두 순수한가에 관심이 있고, 책임성의 윤리는 결함과 악이 예견되는 정치 질서 속에서 정치적으로 예상되는 행동의 결과에 관심이 있다. 정치적 현실주의자는 도덕적으로 의심스러운 수단을 동원해서라도 그의 목적을 성취하는 데 전념한다. 이미 말했듯이 이때 정치를 위한 결정적 수단은 폭력이다.[8]

따라서 이것은 인류를 위한 궁극적 선에 관한 윤리 이론들이 사회과학적 추론 속으로 정확히 직조된 방식의 한 예다. 즉 우리는 폭력의 사용과 더불어 폭력 없이는 생존할 수 없다는 주장을 사회 과학적으로 **정당화**하게 된다. 그러나 사회가 폭력에 호소해야 한다는 것을 우리는 어떻게 알 수 있는가? 이런 주장은 경험적 사실에 기초하지 않는다. 오히려 종말이 오기 전, 역사 안에서 가능한 것이 무엇인가에 대한 견해에 기초한다. 그 주장은 메노나이트나 형제단의 신학과 다른 전통에 속한 신학에 근거한다.

역사 안에서 가능한 것이 무엇인가에 관해 대조되는 아나뱁티스트의 관점은 예수의 말씀인 산상 설교로 돌아감으로 정당화될 수 있다. 마음이 가난한 사람, 온유한 사람, 의에 주리고 목마른 사람, 자비한 사람, 평화를 이루는 사람, 의를 위하여 박해를 받은 사람이 복이 있다(마 5:1-12). 성경의 이 구절은 "하늘나라가 그들의 것이다"로 시작하고 끝난다. 이것은 미래보다는 현재에 속하는 긴장이다. 하늘나라는 이미 역사 안에 실현되어 있다. 그 나라는 바로 지금, 예수의 평화의 길, 온유한 길을 선택한 사람들 사이에 있다.[9]

5.2 사회적 실험으로서의 교회

급진적 종교 개혁파는 왜 세상으로부터 교회의 분리를 강조하는가? 그것은 단지 대안적 사회 구조의 이론화가 아니라, 대안적 사회가 가능하다는 경험적 증거를 제공하는 것이 교회의 과업이라고 보기 때문이다. 화해에 기초한 사회, 어떤 폭력도 용인하지 않는 교회, 징벌의 최종 형태가 교제권을 떠나도록 하는 것 외에 더 엄한 처벌이 없는 그런 대안적 사회가 가능하다는 경험적 증거 말이다. 그런 가능성을 보일 때, 기독교는 세상의 빛이 될 수 있다.

마태복음에서 예수는 계속해서 화해를 가르치신다.

> "'눈은 눈으로, 이는 이로 갚아라' 하고 말한 것을 너희는 들었다. 그

러나 나는 너희에게 말한다. 악한 사람에게 맞서지 말아라. 누가 네 오른쪽 뺨을 치거든, 왼쪽 뺨마저 돌려 대어라. ……"
"'네 이웃을 사랑하고, 네 원수를 미워하여라' 하고 말한 것을 너희는 들었다. 그러나 나는 너희에게 말한다. 너희 원수를 사랑하고, 너희를 박해하는 사람을 위하여 기도하여라. 그래야만 너희가 하늘에 계신 너희 아버지의 자녀가 될 것이다. 아버지께서는, 악한 사람에게나 선한 사람에게나 똑같이 해를 떠오르게 하시고, 의로운 사람에게나 불의한 사람에게나 똑같이 비를 내려 주신다. 너희를 사랑하는 사람만 너희가 사랑하면, 무슨 상을 받겠느냐? 세리도 그만큼은 하지 않느냐? 또 너희가 너희 형제자매들에게만 인사를 하면서 지내면, 남보다 나을 것이 무엇이냐? 이방 사람들도 그만큼은 하지 않느냐? 그러므로 하늘에 계신 너희 아버지께서 완전하신 것같이, 너희도 완전하여라"(마 5:38, 39, 43-48, 새번역).

예수께서 가르치신 윤리에 대한 신학적 정당성이 여기에 요약되어 있다. 왜 제자들은 앙갚음 없이 상해를 수용하도록 요구받았는가? 그것이 하나님의 성품이기 때문이다.

따라서 여기에 하나님의 성품에 대한 신학적 관점이 윤리적 양식으로서의 삶의 특정 방식을 '하향식'으로 정당화한다. 나는 아나뱁티스트에게서 보이는 가장 특징적인 기독교 윤리의 측면들을 강조하였지만, 전체적인 예수의 도덕적 가르침 역시 아나뱁티스트 윤리 안에 있다.

기독교의 윤리적 관점이 기독교 신학에서 비롯된다는 주장은 이례적인 것이 아니다. 그러나 나는 여기서 한 걸음 더 나아가려 한다. 나는 급진적 종교 개혁파의 관점에서 비롯된 기독교 윤리, 인간의 사회적 삶에서 실현할 수 있는 하나의 이상(vision), 어떤 규범적 비전을 주장한다. 이 비전은 일반 사회 과학에서 말하는 규범적 비전과 극명한 대조를 이룬다. 사회 과학은 사회의 존속을 위해 국가가 자행하는 폭력이 필요하다고 주장한다. 아나뱁티스트는 폭력이 인간관계에서 제거될 수 있다고 믿는다. 폭력은 사회적 삶에서 일반적이거나 표준적이지 않은, 예외적인 것이기 때문이다.

5.3 사회 과학을 위한 새로운 비전

사회학과 정치학, 법학의 근저에 깔린 기본 가정이 의문시된다면 어떤 종류의 사회 과학이 출현할 것인가? 사회 과학자들이 할 일이 많을 것이다. 여기 구체적인 사례가 있다.

미국과 캐나다를 포함한 많은 나라에서 형법상 정의 제도(penal justice system)는 **징벌**(retribution)의 원리로 작동한다. 사회 복귀에 대한 약간의 논의가 있긴 하지만, 판결은 대체로 형벌로 이해된다. 그러나 예수의 가르침은 형사 사법에 대해 전적으로 다른 준칙을 제안한다. 마태복음에서 인용한 바로 그 구절에서 예수께서는 '눈에는 눈, 이에는 이'라는 징벌 제도를 거부하신다.

그분의 가르침은 우리로 다른 대안을 마음에 그리도록 자극한다. 실제로, 형법 제도에는 다른 대안들이 있었고 지금도 존재한다. 오랜 역사를 통해 범죄는 한 사람이 다른 사람에게 가한 상해로 이해되었고, 사람들은 상황을 바로잡기를 기대하였다. 그런데 폴리네시아, 아프리카, 아시아, 카리브해 지역 사회를 비롯한 많은 사회와 노르만 이전의 켈트족 사회에는 **회복적** 사법 제도가 있었다. 그 지역 사회나 국가는 보상을 촉진하는 역할을 맡았지만, 화해는 주로 가해자와 피해자 사이에서 이루어졌다.

그러다가 정복자 윌리엄(윌리엄 1세) 시대에 영국에서 중요한 변화가 발생하였다. 국가가 모든 범죄의 궁극적 피해자로 간주되기 시작한 것이다. 이것이 징벌적 법체계의 시작으로, 피해자에게 보상하여 원상회복하는 것이 아니라 국가의 권위를 높이는 데 목적을 둔 것이다.

우리는 지금 시민을 대신하여 형법 제도가 가해자에게 앙갚음의 책임을 지는 사회에 살고 있다. 이것은 가해자를 향한 피해자의 용서라는 반응과 기회의 박탈을 의미한다. 뉴질랜드의 교도소 사목인 짐 콘세딘(Jim Consedine)은 다양한 비징벌적, 회복적 정의 법 제도에 관해 썼다. 그중에는 뉴질랜드의 소년 법정에서 마오리(Maori) 사법 제도를 재도입한 실험이 있다.

이 제도에서 법정은 가해자와 피해자, 그리고 그들의 가족과 협력 단체를 모두 소환한다. 주(州) 법관이나 관리들은 피해자에게 발생한 고통과 손실을 개인적 측면에서 하소연할 기회는 물론이고 회복 과정을 돕기 위해 존재한다. 피해자와 가해자 가족 모두 자신들의 슬픔을 설명한다. 가해자도 자신의 잘못을 후회할 기회가 주어지는데, 거의 90 퍼센트는 후회한다. 그렇게 되면 대체로 피해자는 가해자를 용서한다. 법정에 참여한 사람들의 동의 아래 가해자에게 내려지는 벌은 형을 가하는 것이 아닌, 피해자에 대한 보상이다. 다음은 콘세딘의 말이다.

> 때때로 피해자 편에서 감동적인 치유의 몸짓이 나타난다. 그들은 피해를 보상할 능력도, 직업도 없는 젊은 가해자에게 보상받을 권리를 포기한다. 그들은 법정 재판이 있은 지 일주일 후, 저녁 식사에 가해자 측 가족을 초청하고, 직업이 없는 젊은 가해자는 직업을, 집이 없는 가해자는 집을 구하도록 돕는다. 한 놀라운 예도 있었는데, 어느 여성 피해자는 권총을 들이대며 강도질을 한 젊은 가해자를 합의된 법적 조치의 일환으로 자신의 집에 거주하게 했다.[10]

많은 사람이 이러한 법 제도는 우리 사회에서 작동되기 어려울 것이라 말한다. 그러나 콘세딘은 징벌적 제도가 비효율적이라는 많은 증거와 회복적 사법 제도가 제대로 작동하는 상당량의 증거를 모았다. 또 그는 냉혹한 판정과 갱신 사이에는 **부정적 상관관계**가 있다는 증거들을 제시한다. 그 몇 가지 사례는 다음과 같다.

> 1985년에서 1992년 사이에 뉴질랜드에서 폭력 범죄의 형기가 3분의 2 정도 증가하였는데도, 이 기간의 폭력 사건은 41퍼센트 증가하였다. 1994년 6월 30일에 종료되는 뉴질랜드 통계 자료에서 전체 범죄율은 3퍼센트 감소를 나타냈다. 범죄율에 뚜렷한 감소세를 보인 부문은 교통, 사기, 절도, 우발적 도둑질이었다. 그러나 최근 10년, 처벌 강도가 가장 높은 폭력 범죄와 약물 남용은 이런 추세와 반

대로 실질적 범죄율이 상승하였다. 당시에 처벌 강도를 증대한 이유는 두 범죄를 억제하기 위해서였다.[11]

미국은 100,000명당 520명의 비율로 수감되는데 이는 뉴질랜드의 4배이고 세계에서 두 번째로 높은 수치다. 영국의 5배, 아일랜드의 16배다. 미국인은 영국인이나 덴마크인보다 사형될 가능성이 20배 더 높다.[12] 더 길고 엄한 형기가 길거리를 더 안전하게 만들 것이라는 개념의 정치적 통속성에도 불구하고 이 가정에 반하는 증거는 상당히 많다.

뉴질랜드에서 소년 법정에 마오리 사법 제도를 재도입한 이후 성공적인 결과는 다음과 같다. 청소년 범죄자의 10퍼센트만이 통상적 재판에 회부되는데, 이는 도입 이전보다 30퍼센트나 감소한 수치다. 회복적 절차를 밟은 경우 중 90퍼센트는 가해자와 피해자 측이 서로 합의에 도달한다. 청소년 범죄 비율은 1,000명당 64명에서 16명으로 떨어졌다. 17-19세 피고인들의 고발 건수는 1987년에서 1992년 사이에 27퍼센트 정도 떨어졌다.[13]

콘세딘의 연구 조사를 인용하면서 내가 강조하고자 하는 것은 이렇다. 더 많은 사회 과학자가 비폭력이라는 그림, 예수께서 말씀하신 자기희생적 사회관계를 움켜잡고 라인홀드 니부어와 기타 학자들의 '현실주의'라는 속박에서 벗어날수록, 앞의 사례를 뒷받침하는 더 많은 연구 조사가 이루어질 것이다. 신약 성경의 비전이 실제 삶에서 현실화될 수 있는 실천적 방법에 관한 연구 말이다. 그 결과는 인간 사회성에 관해 더 많은 낙관적인 그림을 제공할 뿐 아니라 진실해진다는 더

나은 이점을 갖게 할 것이다.[14]

6. 요약

이제 요약할 차례다. 여러 학과 분야의 다양한 사상가가 근대적 가정을 재고할 것을 요청받고 있다. 근대적 가정이란 자연 과학과 사회 과학의 분리, 과학과 윤리학의 분리, 그리고 모든 지적 담론에서 하나님을 배제해야 한다는 가정이다.

1장에서 나는 신학과 윤리학, 과학의 관련성에 관한 모델을 제시하였다. 그 모델의 각 항목은 계층적 질서를 띠고 내적으로 서로 연결되어 있다. 복잡성의 수준에서 상위 층위에 놓여 있느냐가 실제적인 그 학과의 복잡한 양상을 나타낸다. 이는 계층 질서상 아래에 놓인 학과의 용어로 환원적으로 설명될 수 있음을 뜻한다. 계층 모델에는 담론의 상위 층위가 답해야 할 경계성 질문이 있다. 우주론과 물리학은 신학이 적절하게 대답할 경계성 질문을 제기한다. 또한 사회 과학은 윤리학 체계에 호소해야만 답할 수 있는 질문을 던졌고, 윤리학은 신학적 질문을 제기하였다.

이제 이와 같은 주장을 읽은 일부 독자들은 우주론과 물리학, 그리고 사회 과학의 질문은 신학에서 끝나는 것 같다고 생각할 것이다. 이는 모든 지식은 믿음에 그 터를 잡고 있음을 의미한다. 어떤 이들은 그 결론에 찬성할 것이고, 또 어떤 이들은 활용할 수 있는 신학이 무수하기에 그 주장은 상대론적이라고 반대할 것이다. 따라서 과학의 합리적 추론에 대해 언급해야 했다.

나는 2장에서 신학 연구는 가설-연역적 추론으로 진척된다는 점에서 과학적 추론과 매우 유사하다고 주장하였다. 신학은 먼저 설명되어야 할 관찰 현상으로 시작한다. 신학자는 그 현상을 설명하기 위해 어떤 신학적 가설이 맞을지 질문한다. 그런 다음 각 가설에서 도출되는 추가 결과들을 산출해 내고, 가설들이 사실들과 어떻게 조화를 이루는지 살펴 다양한 가설들을 시험해 본다.[15] 신학은 자신의 고유한 데이터를 갖는다. 또한 창조 교리 같은 신학 이론들이 합당한 지지를 얻으려면 계층 모델 아래의 과학 수준에서 각 신학 이론들의 설명적 가치를 나타내 보여야 한다.

이 모든 것은 신학이 교회에서뿐 아니라 과학에서도 중요한 역할을 차지한다는 것을 보여 준다. 나는 신학이 과학에서 배울 것이 있는 만큼 과학에 공헌할 것 역시 많다고 믿는다. 특히, 사회 과학은 예수께서 가르치시고 (비록 불완전하긴 하지만) 신자들의 교회로 모형화된 그 사회성의 비전에서 많은 것을 배울 수 있으리라 확신한다.

Reconciling
Theology and Science

역자 후기

한국 개신교에서 대화와 토론이 쉽지 않은 두 영역이 있다. 하나는 정치이고, 다른 하나는 과학이다. 정치적으로 양극에 있는 관점들은 매우 극단적으로 대립하고 있어서 중원의 드넓은 영역에 위치한 다양한 관점들이 제 목소리를 내기가 여간 조심스러운 게 아니다. 자칫 잘못하면 양쪽 전선에서 포화를 얻어맞기 십상이다. 중간 영역이 양극단을 밀어내고 넓히기보다는 양 전선에 밀려 자꾸 위축되는 듯하다.

과학에서도 마찬가지다. 템플턴 상(Templeton Prize, 과학과 종교 간 상호 이해의 폭을 넓히기 위해 제정된 상으로, 한국 수상자로는 1992년에 수상한 한경직 목사님이 있다)을 수상한 이언 바버(Ian G. Barbour)는 핵물리학자이자 신학자로, 그가 남긴 큰 공헌 중 하나는 과학과 종교의 관계를 네 가지 모델로 정립한 것이다. 바로 '갈등 이론', '독립 이론', '대화 이론', '통합 이론'이다. 리처드 니부어에게서 신학을 공부한 그의 이력으로 보건대, 「그리스도와 문화」(IVP 역간)의 다섯 유형을 살짝 개정하여 과학에 적용한 것으로 생각된다.

갈등 이론에 포진한 이들은 근본주의라 하겠다. 과학적 근본주의는 종교를 비과학적인 것으로 원천 배제하고, 종교적 근본주의는 종교가 철저히 과학적이라고 주장한다. 독립 이론은 상보성 이론이라고도 하는데, 양자의 언어와 문법이 다르므로 별개의 것이라고 말한다. 반면, 대화 이론은 양쪽의 접촉면이 의외로 넓어서 대화는 물론 서로가 서로에게 배워야 한다고 생각한다. 그러나 근본적인 차이는 인정한다. 마지막으로 통합 이론은 과학 이론이 신학적으로 충분히 설명되고 수용될 수 있다고 본다. 물론, 양자가 근본적으로 같다고 보지는 않는다.

풀러 신학교 교수인 낸시 머피는 통합 이론에 속하는 과학 신학자다. 머피는 버클리에 있는 캘리포니아 대학에서 과학의 상대주의를 주창한 저명한 파울 파이어아벤트 밑에서 과학 철학으로 박사 학위를 받았다. 그 후 버클리 연합 신학대학원에서 과학 신학으로 박사 학위를 받았다. 박사 논문은 코넬대학교(Cornell University) 출판사에서 「과학적 추론 시대의 신학」(*Theology in the Age of Scientific Reasoning*)으로 출간되었는데, 이 책은 1990년에 미국 종교학회(the American Academy of Religion)에서 우수 도서로 선정할 만큼 탁월함을 인정받았다.

머피의 논문을 지도하고, 그를 가톨릭에서 개신교, 그것도 아나뱁티스트가 되도록 이끌고, 나중에 남편이 된 이가 바로 고(故) 제임스 맥클랜던이다. 맥클랜던은 미국 침례교를 대표하며 존 요더, 스탠리 하우어워스와 더불어 아나뱁티스트 윤리학 3인방 중 한 사람이다. 나는 박사 논문으로 그의 반기초주의(nonfoundationalism) 신학을 다루었는데,

공교롭게도 그의 아내인 머피의 책을 국내에서 최초로(공저 제외) 번역하게 되었다.

대부분의 학자가 그러하듯, 박사 논문의 핵심 사상이 그의 평생을 좌우한다. 머피는「과학적 추론 시대의 신학」에서 과학이 하는 일과 신학이 하는 일이 상당히 유사하다고 주장한다. 청교도인 조나단 에드워즈, 아나뱁티스트 등 신학에서 상이하고 때로 대립하는 신학의 방법론을 살펴보면, 과학처럼 어떤 현상에 대해 몇 가지 가설을 세우고, 그중 현상을 가장 잘 설명하는 가설이 이론으로 채택되어 정립되는 과정을 밟는다는 것이다. 간단한 내용은 이 책 50-60쪽을 참조하길 바란다.

이 책은 거기서 한 걸음 더 나아간다. 머피는 자연 과학이 설명하는 바를 충분히 인정하면서도 과학 자신이 설명하지 못하는 '경계성 질문'을 제시한다. 과학은 '무엇'(what)에 관한 설명과 이론을 제출할 수 있을지 몰라도, '왜'(why)라는 질문에는 과학 역시 상위 층위에서 도움을 받지 않으면 안 된다. 과학자들은 우주가 미세 조정에 의해 만들어졌다는 점을 인정하지만, 그 많고 많은 우주의 별 가운데 단 하나, 지구에만 생명이 존재하는 이유는 천문학만으로는 답을 내릴 수 없다. 바로 그 점 때문에 신학이 필요하다. 바로 그러하기에 머피는 통합 이론의 범주에 속하는 신학자다.

그러나 부제가 암시하듯, 이 책은 과학과 종교의 관계를 다루되 급진적 종교 개혁파(아나뱁티스트 또는 재세례파)의 관점으로 설명한다는 독특성을 지니고 있다. 이 점이 도드라지는 부분은 4장 '신경 과학과 영혼'과 5장 '기독교와 진화론'이다. 영혼 불멸 사상은 기독교적인 것이라기보다는 플라톤을 위시한 그리스 철학에서 온 것이다. 불멸하는 것은 오직 하나님뿐, 인간은 유한한 필멸의 존재다.

기독교는 전통적으로 몸이 죽으면 영혼은 곧바로 하나님 품에서 안식을 얻는다고 말한다. 반면, 급진적 종교 개혁파는 영혼 수면론을 말한다. 몸의 죽음과 함께 영혼도 안식, 곧 잠이 들고, 예수 그리스도의 재림과 더불어 부활하는 그때, 죽었던 우리 몸이 깨어난다는 것이다. 이런 견해는 최근 눈부시게 발전하고 있는 뇌 과학과도 별다른 갈등이 생기지 않을 뿐 아니라 오히려 잘 맞아떨어진다. 또한 나는 이 견해가 몸이 죽었다가 다시 살아나리라는 신앙 고백과도 부합한다고 생각한다.

특히 이 책 결론에 해당하는 6장 '급진적 종교 개혁파 신학과 사회과학'에서 머피는 급진적 종교 개혁파의 독특성을 전면에 내세운다. '어떻게 의로워질 수 있는가'를 토론하던 다른 종교 개혁파와 달리, 급진적 종교 개혁파는 '어떻게 예수를 따를 것인가'를 고민하고, 폭력과 전쟁에 반대하는 평화주의(pacifism)를 실천했다. 많은 현대 사회 이론가들은 국가와 사회가 불가피하게 폭력 위에 성립되었다고 주장한다. 진화론도 마찬가지다. 그러나 주류 이론의 폭력성을 비판한다는 점에서 머피는 종교와 과학을 완전히 일치시키지는 않는 셈이다.

나는 머피의 견해에 상당히 동조하는 편이다. 과학과 신학이 갈등을 빚지 않는다는 것, 급진적 종교 개혁파의 평화주의 등에 관해서 말이다. 하지만 개인적으로 전적으로 동의하지는 않는다. 왜냐하면, 나는 독립 이론과 대화 이론의 중간 또는 둘 다를 취하기 때문이다. 신학을 학문의 위계 구조에서 최상위에 두는 것은 다종교적인 한국적 상황과 포스트모던 세계에서 그리 적절해 보이지 않는다.

과학과 종교는 서로 걸쳐 있는 공통분모가 제아무리 넓어도 근본적으로 갈라서는 지점이 있게 마련이다. 머피는 신학을 '과학으로서의 신학'으로 명명하지만, 나는 그것 말고도 '계시로서의 신학', '신비로서의 신학'이 들어설 자리를 마련해 주어야 한다고 본다. 물론, 머피도 주장하였듯이, '윤리로서의 신학'은 저것 못지않게 소중하다.

신학에는 과학적인 측면이 반드시 존재하지만, 과학과는 다른 대상을 고유한 주제로 삼기 때문에 결국 달라질 수밖에 없다. 과학이 다루는 자연 현상과 신학이 다루는 하나님은 분명 중첩되는 부분이 있고 학문으로 성립하고 존립한다는 점에서 유사한 면이 있지만, 결코 통합될 수 없는, 삐져나오는 부분 또한 있기 때문이다. 과학적으로 설명되는 하나님이 정말 하나님일까? 하나님은 과학으로 설명할 수 있는 분이기는 하지만, 그것 너머에 계신 신비와 초월의 하나님이다.

그러나 과학과 신학이 대립만 일삼지 않고 상호 존중과 배움의 자세로 협력할 일이 상당히 많다는 점, 과학 앞에서 신앙이 그리 불합리하지 않다는 점, 더 나아가 주류 이론에 숨어 있는 폭력에 대한 문제 제기는 우리가 귀담아들어야 할 지혜이지 싶다. 또한 머피는 신학과 과학의 경계를 오가며 과학자들과 신자들에게 폭넓은 만남의 장을 열어 준다. 바라기는 이 책이 과학과 종교의 상호 관계에 대한 입문서로 널리 읽히고, 갈등과 대립이 아닌 토론과 대화가 활발해지기를 소망한다.

실은 내가 낸시 머피에게 관심을 두는 이유 중 하나는 '비환원주의'

(nonreductionism) 때문이다. 과학 철학의 용어로는 '비환원적 물리주의'라고 일컫는다. 과학 시대를 살면서 인간은 신체라는 몸과, 세계와 사물이라는 물질에 기반한다. 이는 하나님이 물질과 몸을 창조하신 것과 잘 연결된다. 그런 점에서 물리주의다.

하지만 인간은 (육체를 지녔다는 점에서 동물과 하등 다를 바 없는, 말 그대로 동물이지만) 최종으로 물질로 축소될 수 없는, 동시에 물질이 아닌 영혼 또는 정신을 지니고 있다. 바로 그 점이 인간을 인간답게 하는데, 성경은 오래전부터 이를 '하나님의 형상'이라고 칭하였다. 흙으로 만들어졌지만 하나님을 닮은 존재라는 점에서 우리 인간은 단순히 물리적 존재만은 아닌 것이다.

파스칼이 말한 대로 인간은 동물이자 천사다. 한쪽에서는 인간을 동물로 치환하려고만 들고, 반대편에서는 인간의 동물성을 애써 도외시하려 한다. 두 진영 모두 인간의 전모를 밝히는 데 한계가 있고, 일부분의 진실만 갖고 있다. 그런 점에서 나는 낸시 머피와 존 호트의 환원주의 비판에 호응한다. 그들의 주장은 비환원적인 과학과 신학이 대립을 지양하는 데 공헌할 점이 있다.

아울러 낸시 머피뿐 아니라 기라성 같은 과학자와 신학자가 많이 있음을 기억하면 좋겠다. 과학 영역에서 전투적인 무신론자들도 존중해 마지않는 독실한 그리스도인 과학자가 꽤 많다. 미국의 게놈 휴먼 프로젝트의 대표자로, 의사이자 생물학자인 프랜시스 콜린스, 프란시스코 아얄라, 오언 깅그리치 등이다. 그리고 뛰어난 과학 신학자로 존 폴킹혼, 존 호트, 아서 피콕이 있고, 복음주의 진영에는 알리스터 맥그

래스 등이 있다. 그 외에도 하나님에 대한 신앙에 일절 흔들림 없이, 아니 과학 연구가 오히려 영적 성숙에 도움이 된다고 고백하는 과학자가 전 세계에 걸쳐서, 그리고 우리나라에도 셀 수 없을 정도로 많다.

이 책은 과학과 신학이라는, 어쩌면 동떨어진 두 분야의 만남을 담고 있는데, 번역도 이 책을 닮았다. 신학자요 목회자인 나(김기현)와, 신경외과 의사이자 신자인 반성수 선생님, 로고스교회에서 한 사람은 목사이고 한 사람은 성도인, 동갑내기 우리 두 사람이 같이 번역했으니까 말이다. 서로의 장점을 살리고 약점을 보완하는 방식으로 번역이 이루어졌다. 내가 1차 번역을 하고, 반성수 선생님이 원문을 일일이 대조하면서 상당히 공을 들여 2차 번역을 했다. 그리고 그것을 내가 가독성을 고려하여 다시 한 번 번역했다.

마지막으로 로고스서원 글쓰기 학교 졸업자인 세 분이 원문 없이 번역 원고만 읽고 술술 잘 읽히도록 신경 쓰면서 수정하는 작업을 거쳤다. 나와 동명이인이고 대전에서 목회하는 김기현 목사님, 대구에서 부목사로 사역하는 김기형 목사님, 그리고 춘천의 최병유 목사님이다. 독자의 자리에서 읽고, 매끄럽지 않거나 어려운 부분을 체크해 주었는데, 이 책이 좀 더 수월하게 읽히는 것은 모두 이 세 분 덕분이다. 물론, 번역의 전적 책임은 내게 있지만 말이다.

이 책의 번역료는 반성수 선생님의 제안으로 위기 청소년을 위한 희망의 인문학에 전액 후원하였다. 희망의 인문학에 관해서는 내가 쓴 「곤고한 날에는 생각하라」(죠이북스)의 3장 "인문학을 한다는 것"을 읽어 보시라. 나는 비행을 저지르고 소년 재판을 받고 청소년 회복 지원 시설 센터에서 6개월 동안 생활하도록 처분을 받은 아이들과 함께 수년째 인문학 모임을 하고 있다. 반성수 선생님은 계속 이곳을 후원해 왔는데, 뜻 깊은 데 사용하자며 본인의 번역료를 선뜻 기부하셨고, 나도 덩달아 후원에 동참하게 되었다.

어려운 여건에서도 특이한 관점을 지닌 이 책의 출간을 결정한 출판사에 진심으로 감사드린다. 앞서 말한 대로 이 책이 극단적 대립을 빚는 과학과 신학, 그리고 신자들 내부의 충돌을 완화하는 데 아주 조금이라도 이바지한다면 더 바랄 것이 없겠다. 이 책의 원 제목(Reconciling Theology and Science)처럼 양자의 화해를 이루는 작은 출발점이 되면 좋겠다. 그리고 많은 이가 읽고 대화와 토론의 실마리가 되었으면 하는 바람도 숨기지 않겠다.

부산에서 역자를 대표해서

김기현 쓰다

주

1장

1 Ian Barbour, *Issue in Science and Religion* (New York: Harper and Row, 1966); *Religion for a Scientific Age* (New York: Harper and Row, 1990).

2 Immanuel Kant, *Religion within the Limits of Reason Alone* (1793).

3 Friedrich Schleiermacher, *The Christian Faith*, ed. H. R. Mackintosh and J. S. Stewart (Edinburgh: T. & T. Clark, 1928).

4 David C. Lindberg and Ronald L. Numbers, eds., *God and Nature: Historical Essays on the Encounter between Christianity and Science* (Berkeley: University of California Press, 1986), 1쪽.

5 Lindberg and Numbers.

6 Margaret Wertheim, "Does the Bible Allow for Martians?" *The New York Times* (August 11, 1996).

7 Wertheim에게서 인용함.

8 George Lindbeck, *The Nature of Doctrine* (Philadelphia: Westminster, 1984), 94쪽을 보라. 「교리의 본성」, 도서출판100 역간, 2021.

9 대략적인 이 모델은 이처럼 일반적인 전체 윤곽으로는 대체로 잘 수용되지만, 과학과 과학 사이의 관계에 대해 완전하게 설명하지는 못한다. 예를 들어, 역사학이나, 여러 계층을 관통해야만 하는 유전학 같은 과학은 이 모델에 들어설 여지가 없다.

10 더 정확히 말하자면, 특히 논리 실증주의자인 오토 노이라트(Otto Neurath)는 물리학을 포함한 모든 과학을 감각 경험의 기록(reports)만을 다루는 더 기본적인 수준으로 환원하는 데 목적을 두었다. P.M.S. Hacker, *Wittgenstein's Place in Twentieth-Century Analytic Philosophy* (Oxford: Blackwell, 1996), 59쪽을 보라.

11 '비환원적 물리주의'라는 용어는 정신에 관한 현대 철학과 그리스도인을 위한 철학에서도 인정되며, '자연주의'와 '물질주의'가 지닌 무신론적 함축을 피할 수 있다는 이점이 있다.

12 *Critical Realism: A Study of the Nature and Conditions of Knowledge* (New York: Russell and Russell, 1966)를 보라. 1916년 초판 발행.

13 *The Philosophy of Physical Realism* (New York; Russell and Russell, 1966), 5쪽. 1932년 초판 발행.

14 Roy Wood Sellars, *Principles of Emergent Realism: The Philosophical Essays of Roy Wood Sellars*, W. Preston Warren, ed (St. Louis, Mo.: Warren H. Green, Inc., 1970), 136-138쪽.

15 *The Philosophy of Physical Realism*, 4쪽.

16 Donald T. Campbell, "Downward Causation' in Hierarchically Organised Biological System," in F. J. Ayala and T. Dobzhansky, eds., *Studies in the Philosophy of Biology: Reduction and Related Problems* (London: Macmillan, 1974), 179-186쪽을 보라. 특히 180쪽에서 인용; 상향식 인과론을 다룬 문헌에 대한 요약은 Arthur Peacocke, *Theology for a Scientific Age*, 2판 (Minneapolis: Fortress Press, 1993), 3장을 보라.

17 나는 이 분기(分岐) 모델을 Robert Russell, Nancey Murphy, and C. J. Isham, eds., *Quantum Cosmology and the Laws of Nature: Scientific Perspectives on Divine Action* (Vatican City State and Berkeley: Vatican Observatory and

Center for Theology and Natural Sciences, 1993: distributed by University of Notre Dame Press), 407-435쪽에 실린 "정교하게 조율된 우주의 설계 증거"("Evidence of Design in the Fine-Tuning of the Universe")에서 처음 제안하였다. 더 개선된 내용은 다음 책을 보라. Nancey Murphy and George F. R. Ellis, *On the Moral Nature of the Universe: Theology, Cosmology, and Ethics* (Minneapolis: Fortress Press, 1996).

18 See Arthur Peacocke, *Creation and the World of Science* (Oxford: Clarendon Press, 1979); and *Theology for a Scientific Age*, 2nd ed. (Minneapolis: Fortress Press, 1993).

2장

1 이 쟁점과 관련된 가장 상세한 연구로는 Nancey Murphy, *Theology in the Age of Scientific Reasoning* (Ithaca, N. Y.: Cornell University Press, 1990)을 보라.

2 E. Y. Mullins, *The Axioms of Religion: A New Interpretation of the Baptist Faith* (Philadelphia: America Baptist Publication Society, 1908), 173-174쪽.

3 Charles Hodge, *Systematic Theology*, 3 vols. (New York: Scribner's Sons, 1891), 1:9-15. 1871년 초판 발행.

4 이 제안은 칼 헴펠(Carl Hempel)이 제시한 것이다. 우리가 여기서 논의하는 추론 형태는 오랫동안 인식되었지만 '가설-연역적'이라는 이름을 부여한 사람은 헴펠이었다. *Philosophy of Natural Science* (Englewood Cliffs, N. J.: Prentice-Hall, 1966)에 나온 명쾌한 설명을 보라.

5 헴펠이 *Philosophy of Natural Science*, 3-6쪽에 기술한 내용이다.

6 부활의 역사성에 관한 볼프하르트 판넨베르크(Wolfhart Pannenberg)의 논의는 매우 흥미로워서 주목하지 않을 수 없다. 하나님의 역사적인 어느 활동을 배제

하기 위해 부자연스러운 방식으로 유비의 원리를 사용하는 성서학자와 신학자들을 그는 정당하게 비판한다. 대신에 그는 과학에서 사용되는 것과 같은 형태의 합리적 추론인 가설-연역법이 이 경우에 사용되어야 한다고 주장한다. 그렇게 하면 성서에서 발견되는 것들을 설명하는 데 부활이 가장 타당한 가설로 나타날 수 있다. *Jesus—God and Man*, tr. Lewis L. Wilkins and Duane A. Priebe (Philadelphia: Westminster Press, 1968)를 참조하라.

7 이 책에 인용한 말씀들은 예수의 실제 가르침이라고 널리 주장되는 것이다.

8 Jonathan Edwards, *A Treatise Concerning Religious Affections*, in John E. Smith, ed., *The Works of Jonathan Edwards*, vol. 2 (New Haven: Yale University Press, 1959); and Edwards, *The Distinguishing Marks of a Work of the Spirit of God*, in C. C. Goen, ed., *The Works of Jonathan Edwards*, vol. 4 (New Haven: Yale University Press, 1972).

9 Thomas Kuhn, *The Structure of Scientific Revolution*, 2nd ed. (Chicago: University of Chicago Press, 1970). 「과학 혁명의 구조」, 까치 역간, 2013.

3장

1 나의 책 *Beyond Liberalism and Fundamentalism: How Modern and Postmodern Theology Set the Theological Agenda* (Valley Forge, Pa.: Trinity Press International, 1996), 3장을 보라.

2 처음 세 학회의 기록에 대해서는 다음을 보라. Robert J. Russell, Nancey Murphy, and C. J. Isham, eds., *Quantum Cosmology and the Laws of Nature: Scientific Perspectives on Divine Action* (Vatican City State and Berkeley, Calif.: Vatican Observatory and Center for Theology and the Natural Sciences, 1993); Robert J. Russell, Nancey Murphy, and A. R. Peacocke, eds., *Chaos and*

Complexity: Scientific Perspectives on Divine Action (Vatican City State and Berkeley, Calif.: Vatican Observatory and Center for Theology and the Natural Sciences, 1995); and Robert J. Russell, William R. Stoeger, and Francisco J. Ayala, eds., *Evolutionary Biology: Scientific Perspectives on Divine Action* (Vatican City State and Berkeley, Calif.: Vatican Observatory and Center for Theology and the Natural Sciences, 1998).

3 이 분야에서 중요한 책은 다음 두 권이다. John D. Barrow and Frank J. Tipler, *The Anthropic Cosmological Principle* (Oxford: Oxford University Press, 1986); and John Leslie, *Universes* (London and New York: Routledge, 1989). 본문에 소개한 숫자들은 레슬리의 책에서 인용하였다.

4 In William Paley, *Natural Theology; or Evidence of the Existence and Attributes of the Deity, Collected from the Appearance of Nature* (1802).

5 "William Paley," *Encyclopedia of Philosophy*, Paul Edward, ed. (New York: Macmillan, 1967), 6:20에서 Elmer Sprague에 의해 인용.

6 David Hume, *Dialogues concerning Natural Religion* (1779).

7 더 상세한 설명과 평가를 보려면 George F. R. Ellis, "The Theology of the Anthropic Principle," in Russell et al. eds., *Quantum Cosmology and the Laws of Nature*, 367-405쪽; 더 대중적인 설명을 보려면 Ellis, *Before the Beginning: Cosmology Explained* (London and New York: Boyars/Bowerdean, 1993).

8 Barrow and Tipler, *The Anthropic Cosmological Principle*을 보라.

9 더 자세한 논의를 위해서는 내가 쓴 다음 글을 보라. "Evidence of Design in the Fine-Tuning of the Universe," in Russell et al., eds., *Quantum Cosmology and the Laws of Nature*, 407-435쪽.

10 이러한 범주에 속하는 (매우 다른) 견해들의 유형에 대해서는 다음을 보라. Arthur R. Peacocke, *Theology for a Scientific Age*, 2nd ed. (Minneapolis:

Fortress Press, 1993); and Nicholas Wolterstorff, *Reason within the Bounds of Religion*, 2nd ed. (Grand Rapids, Mich.: Eerdmans, 1984).

4장

1 Antonio R. Damasio, *Descartes' Error: Emotion, Reason, and the Human Brain* (New York: G. P. Putnam's Sons, 1994), 3-10쪽. 「데카르트의 오류」, NUN 역간, 2017.

2 Paul Churchland, *The Engine of Reason, the Seat of the Soul: A Philosophical Journey into the Brain* (Cambridge, Mass.: MIT Press, 1995), 159-160쪽. 이 책은 최근의 뇌 연구를 매우 이해하기 쉽게 설명하고 있으며, 중요한 쟁점에 대한 철학적 논의도 포함하고 있다.

3 앞의 책, 179-180쪽.

4 앞의 책, 159쪽.

5 앞의 책, 157쪽.

6 앞의 책, 179쪽.

7 George Hunston Williams, *The Radical Reformation*, 3rd ed. (Kirksville, Mo.: Sixteenth Century Journal Publishers, 1992), 902쪽.

5장

1 예를 들어, Arthur Peacocke, *Theology for A Scientific Age*, 2nd ed. (Minneapolis: Fortress Press, 1993)을 보라.

2 이것이 내가 3장에서 신 존재 증명을 위한 논증의 근거로, 우주론적 미세 조정 하나만의 불충분성(insufficiency)을 강조한 이유다.

3 다음을 보라. Anne M. Clifford, "Darwin's Revolution in the *Origin of Species*: From Natural Theology to Natural Selection," in Robert J. Russell, William R. Stoeger, and Francisco J, Ayala, eds., *Biological Evolution: Scientific Perspectives on Divine Action* (Vatican City State and Berkeley, Calif.: Vatican Observatory and Center for Theology and the Natural Sciences, 1998).

4 다음을 보라. Francisco J. Ayala, "Darwin's Revolution," in John H. Campbell and J. William Schopf, eds., *Creative Evolution?!* (Boston and London: Jones and Bartlett Publishers, 1994), 1장.

5 다음을 보라. Thomas M. Ross, "The Implicit Theology of Carl Sagan," *Pacific Theological Review* 18 (1985) 3:24-32.

6 John Howard Yoder, "Binding and Loosing," in Michael G. Cartwright, ed., *The Royal Priesthood: Essays Ecclesiological and Ecumenical* (Grand Rapids, Mich.: Eerdmans,1994), 325-358쪽. 353쪽에서 인용하였다.

7 Walter Wink, *Engaging the Powers* (Minneapolis: Fortress Press, 1992).

8 이러한 논의는 도덕 추론을 위한 능력(capacity)과 도덕규범의 내용(content)을 구분하면 명확해진다. 도덕 추론 능력은 분명히 우리의 다른 지적 능력과 함께 발전했다. 그러나 여러 지적 능력과 함께 도덕 추론 능력이 발달했다고 해서 진화론이 도덕 체계의 내용을 설명한다고 시사하지는 못한다. 다음을 보라. Francisco J. Ayala, "The Biological Roots of Morality," *Biology and Philosophy* (1987): 235-252쪽.

9 Holmes Rolston, "Does Nature Need to be Redeemed?" *Zygon: Journal of Religion and Science*, 29, no. 2 (1994): 205-229쪽. 218-220쪽에서 인용하였다.

10 Rollin Armour, *Anabaptist Baptism* (Scottdale, Pa.: Herald Press, 1966), 78쪽; Hans Hut, Von dem geheimnus der tauf에서 인용함.

11 Armour, 82쪽.

12 John Howard Yoder, *The Politics of Jesus*, 2nd ed., (Grand Rapids, Mich.: Eerdmans, 1994), 246, 160쪽.

13 이 점에 관한 요더의 성찰을 보려면 다음을 보라. *He Came Preaching Peace* (Scottdale, Pa.: Herald Press, 1985), 6장.

14 James Wm. McClendon, Jr., *Ethics: Systematic Theology, Volume I* (Nashville, Tenn.: Abingdon Press, 1986), 147쪽. 맥클랜던의 신학은 급진적 종교 개혁 전통의 관점으로 저술되었다. 다음을 보라. *Doctrine: Systematic Theology, Volume II* (Nashville, Tenn.: Abingdon Press, 1994).

15 John Wisdom, *Proceedings of the Aristotelian Society* (1944-1945); John Wisdom, *Philosophy and Psychoanalysis* (Oxford: Blackwell, 1953), 154-155쪽에 실림.

6장

1 *The Legacy of Michael Sattler*, ed., John Howard Yoder (Scottdale, Pa.: Herald Press, 1973).

2 앞의 책, 74-75쪽.

3 Bruno Latour, *We Have Never Been Modern*, trans. Catherine Porter, (Cambridge, Mass.: Harvard University Press, 1993), 33쪽.

4 Max Weber, "Politics as Vocation," in *Politics as a Vocation* (Minneapolis: Fortress Press, 1965), 1쪽.

5 Reinhold Niebuhr, *Moral Man and Immoral Society* (New York: Charles Scribner's Sons, 1932), xi-xii. 「도덕적 인간과 비도덕적 사회」, 문예출판사 역간, 2017.

6 Peter Berger, *Invitation to Sociology: A Humanistic Perspective* (New York:

Doubleday, 1963), 69쪽.

7 Niebuhr, 257-258쪽.

8 자세한 설명은 다음을 보라. James W. Douglass, *The Non-Violent Cross: A Theology of Revolution and Peace* (Toronto, Ontario: The Macmillan Co., 1966), 262-263쪽.

9 John Howard Yoder, *The Original Revolution: Essays on Christian Pacifism* (Scottdale, Pa.: Herald Press, 1971), 3장.

10 Jim Consedine, *Restorative Justice: Healing the Effects of Crime* (Lyttelton, N. Z.: Ploughshares Publications, 1995), 102쪽.

11 앞의 책, 36쪽.

12 앞의 책, 69, 67쪽.

13 앞의 책, 7장.

14 예수의 사회 윤리 수행 가능성에 대한 과학적 증거와 관련하여 더 많은 광범위한 논의는 Nancey Murphy and George F. R. Ellis, *On the Moral Nature of the Universe: Cosmology, Theology, and Ethics* (Minneapolis: Fortress Press, 1996)를 보라. 북아메리카의 회복적 정의에 관한 폭넓은 논의는 Howard Zehr, *Changing Lenses: A New Focus for Crime and Justice* (Scottdale, Pa.: Herald Press, 1990, 1995)를 보라.

15 아우구스티누스에 속하는 전통보다 급진적 전통이 일관성 있게 사실에 더 부합된다는 취지의 논의에 대해서는 머피와 엘리스의 책을 보라.

찾아보기

ㄱ

가톨릭교회 111, 113

갈릴레오 115

객관 대 주관 60-62

게이지, 피니어스 93-96, 100

경계성 질문 13, 85, 122, 142, 144

계기에 의한 계측 이론 58, 63

과학

… 철학 43, 46

…의 계층 12, 13, 28-36, 70, 85, 108, 119, 122

사회 **'신학과 사회 과학', '신학과 과학'을 보라**

과학 철학 **'추론, 과학적', '과학, …철학'도 보라**

…의 가설-연역적 관점 46-49, 71, 72

…의 귀납적 관점 43

…의 연역적 관점 43

과학의 계층 **'과학, …의 계층'을 보라**

교리 11, 12, 52

창조 20, 23, 106, 123, 124

교회 10, 11, 139, 151-153, 158

그리스 사상 88, 110, 116, 126

그리스도 **'예수'도 보라**

…의 부활 55, 107, 131, 134

…의 신성 53, 54, 55, 56, 57, 79

…의 십자가 130, 131

…의 유일무이함 27

급진적 종교 개혁파 **'형제단', '메노나이트'도 보라**

… 교회 16

… 그리스도인 115, 125

… 신학 17, 111-113, 131, 136

… 전통 15, 16, 139-141

…의 관점 10

…의 독특성 11, 141

…의 성경 읽기 123-125

분별과 59

ㄴ

넘버스, 로널드 22

네페쉬 103, 104

논리 실증주의자 30

뇌 국재화 연구 96-101
뉴턴, 아이작 61, 118
뉴턴 과학 144
니부어, 라인홀드 148, 149, 150, 156

ㄷ

다마지오, 안토니오 93, 94, 96
다윈, 찰스 115, 116
다윈주의 진화론 **'진화론'을 보라**
데닛, 대니얼 121
도덕성 93
  기독교 126, 127
  진화론 127
도킨스, 리처드 121
드레이퍼, 존 W. 21

ㄹ

라투르, 브뤼노 145, 146
라플라스, 피에르시몽 118
롤스톤, 홈즈 127, 128, 129, 130, 134
린드버그, 데이비드 22

ㅁ

마오리 사법 제도 154, 156
맥클랜던, 제임스 Wm. 132, 133, 175n14
맹세 10, 140
멀린스, E. Y. 44
메노나이트 15, 141, 144
몸의 부활 111
미세 조정 13, 63, 66-70
  …의 대안적 설명 78

ㅂ

바버, 이안 20
바티칸 천문대 65
버거, 피터 149
버드니, 시몬 110
법칙
  뉴턴의 65
베버, 막스 147, 150
베이컨, 프랜시스 44, 45
분별 **'분별 이론'을 보라**
분별 이론 59, 63
비폭력 11
비환원적 물리주의 31, 33, 35, 70
빅뱅 13, 56, 66, 137
빈 학파 30

ㅅ

사실과 가치의 구분 20, 144, 147-151

사회 과학 142, 143
…의 가치 147-157
사회 생물학 125
사회 진화론 117, 125, 136
산상수훈 11, 143, 151
생명체, 외계의 '**화성, …에서 온 생명체**'도 보라
선, 인간을 위한 최고의 149, 150
성경
…의 무오류 120
…의 해석/… 읽기 11, 17, 23, 58, 120, 123-125
성령 50, 51, 52, 59, 79
…의 열매 60
…의 은사 50
세례 10, 11, 139
세이건, 칼 121, 122
셀라스, 로이 우드 31, 32, 33
슐라이어마허, 프리드리히 20, 84
슐라이트하임 신앙 고백 10, 139, 140
스위스 형제단 139
신경 과학 87, 93-101
신플라톤주의 89
신학
…에서 고려해야 할 데이터 42, 50-60, 62, 63
…의 가설-연역적 관점 50-60
…의 귀납적 관점 44-46
…의 연역적 관점 43-44
가톨릭 111, 113
개혁 109-111
과학으로서의 41-63
메노나이트 111, 151
보수주의 65
자유주의 20, 65
형제단 111, 151
신학과 과학, … 간의 유사성 62
신학과 과학, …의 갈등 모델 19-21, 27, 84
신학과 과학, …의 계층 모델 28-36
신학과 과학, …의 두 세계 모델 20, 27, 84
신학과 사회 과학 15, 147-157
심판, 공동의 '**분별 이론**'을 보라

ㅇ

아나뱁티스트 '**급진적 종교 개혁파**'를 보라
아리스토텔레스 90, 100, 101, 110
아얄라, 프란시스코 174n8
아우구스티누스 89, 106, 107, 109, 125
아퀴나스 '**토마스 아퀴나스**'를 보라
에누마 엘리시 124
에드워즈, 조나단 59, 60

영, 거룩한 **'성령'을 보라**
영혼 87, 117, 127
…에 관한 신플라톤주의의 관점 89
…에 관한 아리스토텔레스의 관점 100, 110
…에 관한 아우구스티누스의 관점 89, 106, 107, 109
…에 관한 토마스 아퀴나스의 관점 91, 92, 97, 98, 99, 100, 101, 110
…에 관한 플라톤의 관점 89, 106
…의 기능 90, 93, 96, 97, 101
영혼 수면설 논박 **'영혼의 수면'을 보라**
영혼의 수면 109-111
예수 134
…의 가르침 126, 144
…의 사역 130
요더, 존 하워드 123, 130, 131
요한 바오로 2세, 교황 65, 117
우화 135, 136
월터스토프, 니콜라스 172n10
위즈덤, 존 135
윙크, 월터 124
윤리/윤리학
과학과 관련된 19-21
과학의 계층 모델에서의 143-151, 153-157
진화와 관련된 15, 125-130
은사주의 예배 41, 50
이야기, 기독교 132, 133, 134, 137
이원론 **'영혼'을 보라**
인간 **'이원론', '전일적 이원론', '비환원적 물리주의', '환원적 물질주의', '영혼'도 보라**
…에 관해 현재 통용되는 관점 105
…에 대한 고대와 중세의 관점 88-93
…에 대한 성서의 관점 101-109, 111-113
…의 본성 15, 16
우주에서 …의 위치 82-83, 116
인간, 우주에 위치한 **'인간'을 보라**
인간에 관한 비환원적 물리주의의 설명 107, 109
인과론
상향식 33
하향식 33, 109, 144

ㅈ

자연, …법칙 **'자연법칙'을 보라**
자연법칙 14, 118, 119
자유 의지 31
자틀러, 미카엘 139, 140
전일적 이원론 107, 109, 112
정복자 윌리엄 154

제5차 라테란 공의회 111
제멜바이스, 이그나스 47, 48, 49
종교
…에 대한 설명 80, 81
종교 개혁 110
급진적 **'급진적 종교 개혁파'를 보라**
종말론 150
죄 37
주의 만찬 11, 139
중간 상태 17, 109, 111, 113
증명 61
진화, 생물학적 15, 17, 24, 114-137
질문, 경계성 **'경계성 질문'을 보라**

ㅊ

창세기 23, 25, 26, 116, 119, 124, 143
창조 설화 124
창조론자 23, 24, 65
처칠랜드, 패트리샤 98
처칠랜드, 폴 98, 99
추론 **'과학 철학', '연역적', '가설-연역적', '귀납적'도 보라**
과학적 41, 42, 43
출교 10, 139
충만, …의 원리 26

ㅋ

카오스 이론 66
칸트, 이마누엘 20, 84, 144, 145
칼 10, 139
칼뱅, 장 110
코인, 조지 26
코페르니쿠스 115
코페르니쿠스 혁명 25, 83
콘세딘, 짐 154, 155, 156
콘스탄티누스주의 10
쿤, 토머스 61
퀘이커 교도 144

ㅌ

토마스 아퀴나스 90, 92, 97, 98, 99, 100, 101, 110, 112

ㅍ

판넨베르크, 볼프하르트 170n6
패러다임 61
페일리, 윌리엄 72-74
폭력 139, 153
프로빈, 윌리엄 121
프로이트, 지그문트 80
플라톤 89, 90, 101, 105, 106, 112

피콕, 아서 36, 172n10

ㅎ

하나님 79, 80, 93
…과 고통 129, 130
…과 맺는 관계 26, 87
…의 교리 60
…의 성품 126, 127, 134, 136, 152
…의 존재에 대한 증거 71-82
…의 창조 23, 127
…의 형상 **'하나님의 형상'을 보라**
…의 활동 16, 65-66, 118, 119
…이 만드신 자연의 질서 14
예수 안에 드러난 …의 계시 146
학계에서의 145-146

하나님의 어린양 137
하나님의 형상 25, 134
하지, 찰스 45, 46
하향식 144, 152, **'하향식 인과론'도 보라.**
해석 이론 58
헴펠, 칼 170n4
현실주의 148, 156
형법상 정의 153, 154
형제단, … 교회 15, 144
형제단 교회 141, **'형제단'을 보라**
호킹, 스티븐 56
홉스, 토마스 147
화성, …에서 온 생명체 19, 23-27
화이트, 앤드류 딕슨 21
환원적 물질주의 106
환원주의/환원주의자 30, 31, 32, 33
후트, 한스 130, 134
흄, 데이비드 76

급진적 종교 개혁파의 관점에서 본

신학과 과학의 화해

초판 발행　2021년 12월 25일
지은이　낸시 머피
옮긴이　김기현, 반성수
발행인　손창남
발행처　죠이선교회(등록 1980. 3. 8. 제5-75호)
주소　02576 서울시 동대문구 왕산로19바길 33
전화　(출판부) 925-0451
(죠이선교회 본부, 학원사역부, 해외사역부) 929-3652
(전문사역부) 921-0691
팩스　(02) 923-3016
인쇄소　송현문화

ISBN　978-89-421-0477-2　03230

책값은 뒤표지에 있습니다.
잘못된 도서는 교환하여 드립니다.